CARLO GOLDONI

Il Servitore di due Padroni

COMMEDIA DI TRE ATTI IN PROSA

Der Diener zweier Herren

PROSAKOMÖDIE IN DREI AKTEN

ITALIENISCH / DEUTSCH

ÜBERSETZUNG UND NACHWORT
VON HEINZ RIEDT

PHILIPP RECLAM JUN. STUTTGART

Der Übersetzung liegt die Ausgabe zugrunde: Opere complete di Carlo Goldoni. Edite dal Municipio di Venezia nel II Centenario dalla Nascita. Bd. 1: Commedie di Carlo Goldoni. T. 1: Il Servitore di due Padroni [u. a.]. Venedig: o. V., 1907. Der deutsche Text folgt: Carlo Goldoni: Komödien. Aus dem Italienischen [u. a.] übertragen von Heinz Riedt. München: Winkler-Verlag, 1965.

Universal-Bibliothek Nr. 9927[3]

Gesamtherstellung: Reclam, Ditzingen. Printed in Germany 1985
ISBN 3-15-009927-7

Il Servitore di due Padroni

(Italienisch, Venezianisch, Bergamaskisch)
1745

Der Diener zweier Herren

PERSONAGGI

Pantalone de' Bisognosi
Clarice, *sua figliuola*
Il Dottore Lombardi
Silvio, *di lui figliuolo*
Beatrice, *Torinese, in abito da uomo, sotto nome di* Federigo Rasponi
Florindo Aretusi, *Torinese, di lei amante*
Brighella, *locandiere*
Smeraldina, *cameriera di Clarice*
Truffaldino, *servitore di Beatrice, poi di Florindo*
Un Cameriere *della locanda, che parla*
Un Servitore di Pantalone, *che parla*
Due Facchini, *che parlano*
Camerieri d'osteria, *che non parlano*

La Scena si rappresenta in Venezia

PERSONEN

Pantalone de' Bisognosi
Clarice, *dessen Tochter*
Der Dottore Lombardi
Silvio, *dessen Sohn*
Beatrice, *eine Turinerin; in Männerkleidung unter dem Namen* Federigo Rasponi
Florindo Aretusi, *ein Turiner; ihr Liebhaber*
Brighella, *Wirt*
Smeraldina, *Clarices Kammermädchen*
Truffaldino, *Beatrices, dann Florindos Diener*
Ein Kellner
Ein Diener Pantalones
Zwei Träger
Stumme Bediente des Gasthauses

Ort der Handlung: Venedig

ATTO PRIMO

SCENA PRIMA

Camera in casa di Pantalone.

Pantalone, il Dottore, Clarice, Silvio, Brighella, Smeraldina, un altro servitore di Pantalone.

Silvio *(a Clarice, porgendole la mano).* Eccovi la mia destra, e con questa vi dono tutto il mio cuore.

Pantalone *(a Clarice).* Via, no ve vergognè; deghe la man anca vu. Cussì sarè promessi e presto presto sarè maridai.

Clarice. Sì, caro Silvio, eccovi la mia destra. Prometto di essere vostra sposa.

Silvio. Ed io prometto esser vostro. *(Si danno la mano.)*

Dottore. Bravissimi, anche questa è fatta. Ora non si torna più indietro.

Smeraldina *(da sè).* Oh bella cosa! Propriamente anch'io me ne struggo di voglia.

Pantalone *(a Brighella ed al servitore).* Vualtri sarè testimoni de sta promission, seguida tra Clarice mia fia e el sior Silvio, fio degnissimo del nostro sior Dottor Lombardi.

Brighella *(a Pantalone).* Sior sì, sior compare, e la ringrazio de sto onor che la se degna farme.

Pantalone. Vedeu? Mi son sta compare alle vostre nozze e vu sè testimonio alle nozze de mia fia. Non ho volesto chiamar compari, invidar parenti, perchè anca sior Dottor el xe del mio temperamento; ne piase far le

ERSTER AKT

ERSTE SZENE

Ein Zimmer in Pantalones Haus.

Pantalone, der Dottore, Clarice, Silvio, Brighella, Smeraldina und ein Diener Pantalones.

Silvio *(zu Clarice, ihr die Hand reichend).* Hier ist meine Rechte, und damit schenke ich Euch mein ganzes Herz.

Pantalone *(zu Clarice).* Los, geniert Euch nicht. Gebt ihm Eure Hand. Damit seid Ihr verlobt, und bald werdet Ihr auch verheiratet sein.

Clarice. Ja, lieber Silvio, hier habt Ihr meine Rechte. Ich will Eure Frau sein.

Silvio. Und ich will Euer Mann sein. *(Reichen sich die Hand.)*

Dottore. Ausgezeichnet, das haben wir also auch geschafft. Jetzt gibt es kein Zurück mehr.

Smeraldina *(für sich).* Feine Sache! Ich hätte selbst die allergrößte Lust dazu.

Pantalone *(zu Brighella und zum Diener).* Ihr beide seid Zeugen dieser Verlobung, die zwischen meiner Tochter Clarice und Sior* Silvio stattgefunden hat, dem wohllöblichen Sohne unseres Sior Dottore Lombardi.

Brighella *(zu Pantalone).* Jawohl, Sior Gevatter, und ich bedank mich auch für die Ehre, die Sie mir zu erweisen geruhten.

Pantalone. Na ja, ich bin doch Gevatter bei Eurer Hochzeit gewesen, und nun seid Ihr Zeuge bei der Hochzeit meiner Tochter. Ich hab keine Gevattern und Verwandten einladen wollen, und der Sior Dottore ist der gleichen Ansicht wie ich: wir mögen die Dinge viel lieber

* In einem Teil seiner Komödien verwendet Goldoni den venezianischen Dialekt. Daher wurden auch in der Übersetzung einige Anredeformen, wie Siór, Sióra, Parón und andere, nicht italianisiert, sondern in der venezianischen Form beibehalten. (Anmerkung des Übersetzers.)

cosse senza strepito, senza grandezze. Magneremo insieme, se goderemo tra de nu, e nissun ne disturberà. *(A Clarice e Silvio.)* Cossa diseu, putti, faremio pulito?

Silvio. Io non desidero altro che essere vicino alla mia cara sposa.

Smeraldina *(da sè)*. Certo che questa è la migliore vivanda.

Dottore. Mio figlio non è amante della vanità. Egli è un giovane di buon cuore. Ama la vostra figliuola e non pensa ad altro.

Pantalone *(verso Silvio)*. Bisogna dir veramente che sto matrimonio el sia stà destinà dal cielo, perchè se a Turin no moriva sior Federigo Rasponi, mio corrispondente, savè che mia fia ghe l'aveva promessa a elo e no la podeva toccar al mio caro sior zenero.

Silvio. Certamente io posso dire di essere fortunato. Non so se dirà così la signora Clarice.

Clarice. Caro Silvio, mi fate torto. Sapete pur se vi amo; per obbedire il signor padre avrei sposato quel Torinese, ma il mio cuore è sempre stato per voi.

Dottore *(a Pantalone)*. Eppur è vero; il cielo quando ha decretato una cosa, la fa nascere per vie non prevedute. Come è succeduta la morte di Federigo Rasponi?

Pantalone. Poverazzo! L'è sta mazzà de notte per causa de una sorella ... No so gnente. I gh'ha dà una ferìa e el xe restà sulla botta.

Brighella *(a Pantalone)*. Elo successo a Turin sto fatto?

Pantalone. A Turin.

Brighella. Oh, povero signor! Me despiase infinitamente.

ohne Geschrei und ohne Aufwand. Wir werden zusammen essen und uns miteinander freuen, und keiner soll uns dabei stören. *(Zu Clarice und Silvio.)* Was meint ihr, Kinder, ist's recht so?

Silvio. Ich will nichts anderes als mit meiner lieben Braut zusammensein.

Smeraldina *(für sich).* Natürlich, das ist die beste Kost!

Dottore. Mein Sohn will nicht hoch hinaus. Er ist ein Junge, der sein Herz auf dem rechten Fleck hat. Er liebt Eure Tochter und denkt an nichts anderes mehr.

Pantalone *(zu Silvio hin).* Es muß schon gesagt werden, daß diese Heirat vom Himmel bestimmt war. Wäre nämlich mein Geschäftsfreund in Turin, der Sior Federigo Rasponi, dem ich doch meine Tochter versprochen hatte, nicht gestorben, dann hätte sie mein lieber Herr Schwiegersohn nicht bekommen.

Silvio. Ich kann gewiß sagen, daß ich vom Glück begünstigt bin. Nur weiß ich nicht, ob die Signora Clarice derselben Meinung ist.

Clarice. Lieber Silvio, da tut Ihr mir Unrecht. Ihr wißt doch, daß ich Euch liebe. Um meinem Vater zu gehorchen, hätte ich auch jenen Turiner geheiratet, aber mein Herz ist immer für Euch gewesen.

Dottore *(zu Pantalone).* Es hat schon seine Richtigkeit: wenn der Himmel etwas bestimmt hat, dann läßt er's auf ungeahnten Wegen zustande kommen. Woran ist eigentlich Federigo Rasponi gestorben?

Pantalone. Der arme Kerl! Nachts hat man ihn umgebracht, wegen seiner Schwester ... Was weiß ich! Man hat ihm eine Wunde geschlagen, und er ist auf dem Platz geblieben.

Brighella *(zu Pantalone).* Ist diese Tat in Turin geschehen?

Pantalone. Ja, in Turin.

Brighella. Ach, der arme Signore! Das tut mir furchtbar leid.

P a n t a l o n e *(a Brighella).* Lo conossevi sior Federigo Rasponi?

B r i g h e l l a. Siguro che lo conosceva. So stà a Turin tre anni e ho conossudo anca so sorella. Una zovene de spirito, de corazzo; la se vestiva da omo, l'andava a cavallo e lu el giera innamorà de sta so sorella. Oh! Chi l'avesse mai dito!

P a n t a l o n e. Ma! Le disgrazie le xe sempre pronte. Orsù, no parlemo de malinconie. Saveu cossa che v'ho da dir, missier Brighella caro? So che ve diletè de laorar ben in cusina. Vorave che ne fessi un per de piatti a vostro gusto.

B r i g h e l l a. La servirò volentiera. No fazzo per dir, ma alla mia locanda tutti se contenta. I dis cusì che in nissun logo i magna, come che se magna da mi. La sentirà qualcossa de gusto.

P a n t a l o n e. Bravo. Roba brodosa vedè, che se possa bagnarghe drento delle molene de pan. *(Si sente picchiare.)* Oh! I batte. Varda chi è, Smeraldina.

S m e r a l d i n a. Subito. *(Parte, poi torna.)*

C l a r i c e. Signor padre, con vostra buona licenza.

P a n t a l o n e. Aspettè; vegnimo tutti. Sentimo chi xe.

S m e r a l d i n a *(torna).* Signore, è un servitore di un forestiere che vorrebbe farvi un'imbasciata. A me non ha voluto dir nulla. Dice che vuol parlar col padrone.

P a n t a l o n e. Diseghe che el vegna avanti. Sentiremo cossa che el vol.

S m e r a l d i n a. Lo farò venire. *(Parte.)*

C l a r i c e. Ma io me ne anderei, signor padre.

P a n t a l o n e. Dove?

C l a r i c e. Che so io? Nella mia camera.

Pantalone *(zu Brighella)*. Habt Ihr vielleicht den Sior Federigo Rasponi gekannt?

Brighella. Natürlich hab ich ihn gekannt. Ich bin drei Jahre in Turin gewesen und habe auch seine Schwester gekannt. Ein gescheites und mutiges Mädchen; sie hat Männerkleider angezogen und ist zu Pferd geritten, und er hat seine Schwester über alles geliebt. Ach, wer hätte das jemals gesagt!

Pantalone. Ja, ja! Ein Unglück ist schnell geschehen! Aber sprechen wir nicht von traurigen Dingen. Wißt Ihr, was ich Euch jetzt sagen will, mein lieber Herr Brighella? Ihr zeigt Euch doch gern als Meister der Küche; nun möcht ich, daß Ihr uns ein paar Gerichte nach Euerm Geschmack zusammenstellt.

Brighella. Da bin ich Ihnen gern zu Diensten. Und es sind keine leeren Worte, wenn ich behaupte, daß in meiner Wirtschaft noch jeder zufrieden gewesen ist. Es heißt allgemein, daß man nirgends so gut ißt wie bei mir. Sie sollen schon etwas Schmackhaftes bekommen.

Pantalone. Sehr gut. Aber auch eine Brühe, wißt Ihr, damit man das Brot eintunken kann. *(Es wird geklopft.)* Oho, man klopft. Schau mal nach, wer da ist, Smeraldina.

Smeraldina. Gleich. *(Geht und kommt wieder.)*

Clarice. Herr Vater, Ihr erlaubt doch.

Pantalone. Einen Augenblick, wir gehen gleich alle. Hören wir erst, wer da ist.

Smeraldina *(zurückkommend)*. Signore, draußen steht der Diener eines Fremden; er will Ihnen was ausrichten. Mir hat er nichts sagen wollen. Er will den Hausherrn persönlich sprechen.

Pantalone. Sag ihm, daß er hereinkommen soll. Dann hören wir schon, was er will.

Smeraldina. Ich laß ihn herein. *(Ab.)*

Clarice. Aber ich will doch lieber gehen, Herr Vater.

Pantalone. Wohin?

Clarice. Ich weiß nicht. In mein Zimmer.

Pantalone. Siora no, siora no; stè qua. *(Piano al Dottore.)* Sti novizzi non vôi gnancora che i lassemo soli.

Dottore *(piano a Pantalone)*. Saviamente, con prudenza.

SCENA II

Truffaldino, Smeraldina e detti.

Truffaldino. Fazz umilissima reverenza a tutti lor siori. Oh, che bella compagnia! Oh, che bella conversazion!

Pantalone *(a Truffaldino)*. Chi seu, amigo? Cossa comandeu?

Truffaldino *(a Pantalone, accennando Clarice)*. Chi ela sta garbata signora?

Pantalone. La xe mia fia.

Truffaldino. Me ne ralegher.

Smeraldina *(a Truffaldino)*. E di più è sposa.

Truffaldino *(a Smeraldina)*. Me ne consolo. E ela chi èla?

Smeraldina. Sono la sua cameriera, signore.

Truffaldino. Me ne congratulo.

Pantalone. Oh via, sior, a monte le cerimonie. Cossa voleu da mi? Chi seu? Chi ve manda?

Truffaldino. Adasio, adasio; colle bone. Tre interrogazion in t'una volta l'è troppo per un pover omo.

Pantalone *(piano al Dottore)*. Mi credo che el sia un sempio costù.

Dottore *(piano a Pantalone)*. Mi par piuttosto un uomo burlevole.

Truffaldino *(a Smeraldina)*. V. S. è la sposa?

Smeraldina *(sospirando)*. Oh! Signor no.

Pantalone. Nein, Signora, nein. Ihr bleibt hier. *(Leise zum Dottore.)* Mir ist's gar nicht recht, daß wir diese Brautleute jetzt schon allein lassen.

Dottore *(leise zu Pantalone).* Das ist weise und vernünftig.

ZWEITE SZENE

Truffaldino, Smeraldina und die Vorigen.

Truffaldino. Allen anwesenden Herrschaften meine ergebenste Reverenz! Ach, was für eine schöne Gesellschaft! Und was für eine schöne Unterhaltung!

Pantalone *(zu Truffaldino).* Wer seid Ihr, mein Freund? Und was wünscht Ihr?

Truffaldino *(zu Pantalone, auf Clarice deutend).* Wer ist denn diese reizende Signora?

Pantalone. Meine Tochter.

Truffaldino. Das freut mich.

Smeraldina *(zu Truffaldino).* Und Braut ist sie auch.

Truffaldino *(zu Smeraldina).* Das ist aber nett. Und wer sind Sie?

Smeraldina. Ich bin ihr Kammermädchen, Signore.

Truffaldino. Gratuliere.

Pantalone. Na, Sior, hört schon auf mit den Förmlichkeiten. Was wollt Ihr von mir? Wer seid Ihr? Wer hat Euch hergeschickt?

Truffaldino. Gemach, gemach; und nicht so aufgeregt. Drei Fragen auf einmal sind zuviel für einen armen Menschen.

Pantalone *(leise zum Dottore).* Ich glaub, der Kerl ist ein Trottel.

Dottore *(leise zu Pantalone).* Ich halt ihn eher für einen Spaßvogel.

Truffaldino *(zu Smeraldina).* Sind Euer Wohlgeboren die Braut?

Smeraldina *(seufzend).* Oh, nein, Signore!

Pantalone. Voleu dir chi sè, o voleu andar a far i fatti vostri?

Truffaldino *(a Pantalone).* Co no la vol altro che saver chi son, in do parole me sbrigo. Son servitor del me padron. *(Voltandosi a Smeraldina.)* E cussì, tornando al nostro proposito ...

Pantalone. Mo chi xelo el vostro patron?

Truffaldino *(a Pantalone).* L'è un forestier che vorave vegnir a farghe una visita. *(A Smeraldina, come sopra.)* Sul proposito dei sposi, discorreremo.

Pantalone. Sto forestier chi xelo? Come se chiamelo?

Truffaldino *(a Pantalone).* Oh, l'è longa. L'è el sior Federigo Rasponi Turinese, el me padron, che la reverisse, che l'è vegnù a posta, che l'è da basso, che el manda l'ambassada, che el voria passar, che el me aspetta colla risposta. Ela contenta? Vorla saver altro? *(Tutti fanno degli atti di ammirazione. A Smeraldina, come sopra.)* Tornemo a nu.

Pantalone. Mo vegnì qua, parlè co mi. Cossa diavolo diseu?

Truffaldino. E se la vol saver chi son mi, mi son Truffaldin Batocchio, dalle vallade de Bergamo.

Pantalone. No m'importa de saver chi siè vu. Voria che me tornessi a dir chi xe sto vostro patron. Ho paura de aver strainteso.

Truffaldino. Povero vecchio! El sarà duro de recchie. El me padron l'è el sior Federigo Rasponi da Turin.

Pantalone. Andrè via, che sè un pezzo de matto. Sior Federigo Rasponi da Turin el xe morto.

Truffaldino. L'è morto?

Pantalone. L'è morto seguro. Pur troppo per elo.

Truffaldino *(da sè).* Diavol! Che el me padron sia

Pantalone. Wollt Ihr mir jetzt sagen, wer Ihr seid, oder wollt Ihr Euch wieder fortscheren?

Truffaldino *(zu Pantalone).* Wenn Sie von mir nur zu erfahren wünschen, wer ich bin, dann ist das mit ein paar Worten abgetan. Ich bin der Diener meines Herrn. *(Sich an Smeraldina wendend.)* Also, um auf das Thema zurückzukommen ...

Pantalone. Wer ist denn überhaupt Euer Herr?

Truffaldino *(zu Pantalone).* Ein Fremder, der Sie besuchen will. *(Zu Smeraldina, wie oben.)* Über den Brautstand sprechen wir noch.

Pantalone. Wer ist dieser Fremde? Wie heißt er?

Truffaldino *(zu Pantalone).* Ach, das ist eine lange Leier. Mein Herr ist der Sior Federigo Rasponi aus Turin, der Ihnen seine Hochachtung entbieten läßt und eigens hierhergekommen ist und unten steht und Ihnen das ausrichten läßt und darauf wartet, daß ich ihm Antwort bring. Sind Sie jetzt zufrieden? Wollen Sie noch was wissen? *(Alle bekunden ihr Erstaunen. Zu Smeraldina, wie oben.)* Kommen wir auf uns zurück.

Pantalone. So kommt doch her und sprecht mit mir! Was zum Teufel habt Ihr da gesagt?

Truffaldino. Und wenn Sie noch wissen wollen, wer ich bin: ich bin der Truffaldino Batocchio aus dem bergamaskischen Land.

Pantalone. Wer Ihr seid, interessiert mich nicht. Ihr sollt mir jetzt noch mal sagen, wer Euer Herr ist. Ich fürchte, ich hab nicht recht verstanden.

Truffaldino. Armer alter Mann! Wahrscheinlich ist er schwerhörig. Mein Herr ist der Sior Federigo Rasponi aus Turin.

Pantalone. Macht, daß Ihr weiterkommt, Ihr seid ja verrückt! Sior Federigo Rasponi aus Turin ist tot.

Truffaldino. Tot?

Pantalone. Natürlich ist er tot. Schade um ihn.

Truffaldino *(für sich).* Teufel! Ob mein Herr tot ist?

morto? L'ho pur lassà vivo da basso! *(A Pantalone.)* Disì da bon, che l'è morto?

Pantalone. Ve digo assolutamente che el xe morto.

Dottore. Sì, è la verità; è morto; non occorre metterlo in dubbio.

Truffaldino *(da sè)*. Oh, povero el me padron! Ghe sarà vegnù un accidente. *(A Pantalone.)* Con so bona grazia. *(Si licenzia.)*

Pantalone. No volè altro da mi?

Truffaldino. Co l'è morto, no m'occorre altro. *(Da sè.)* Vôi ben andar a veder, se l'è la verità. *(Parte e poi ritorna.)*

Pantalone. Cossa credemio che el sia costù? Un furbo, o un matto?

Dottore. Non saprei. Pare che abbia un poco dell'uno e un poco dell'altro.

Brighella. A mi el me par piuttosto un semplizotto. L'è bergamasco, no crederia che el fuss un baron.

Smeraldina. Anche l'idea l'ha buona. *(Da sè.)* Non mi dispiace quel morettino.

Pantalone. Ma cossa se insonielo de sior Federigo?

Clarice. Se fosse vero ch'ei fosse qui, sarebbe per me una nuova troppo cattiva.

Pantalone *(a Clarice)*. Che spropositi! No aveu visto anca vu le lettere?

Silvio. Se anche fosse egli vivo e fosse qui, sarebbe venuto tardi.

Truffaldino *(ritorna)*. Me maraveio de lor siori. No se tratta cussì colla povera zente. No se inganna cussì i forestieri. No le son azion da galantomeni. E me ne farò render conto.

Pantalone *(da sè)*. Vardemose, che el xe matto. *(A Truffaldino.)* Coss'è stà? Cossa v'hali fatto?

Ich hab ihn doch lebendig unten stehenlassen! *(Zu Pantalone.)* Sagen Sie das im Ernst, daß er tot ist?

Pantalone. Ich behaupte felsenfest, daß er tot ist.

Dottore. Jawohl, es ist die Wahrheit. Er ist gestorben; daran ist nicht zu rütteln.

Truffaldino *(für sich).* Aber, mein armer Herr! Bestimmt ist ihm was passiert. *(Zu Pantalone.)* Sie erlauben. *(Will sich verabschieden.)*

Pantalone. Sonst wollt Ihr nichts von mir?

Truffaldino. Wenn er tot ist, brauch ich sonst nichts mehr. *(Für sich.)* Ich will doch mal sehen, ob das stimmt. *(Geht und kommt dann wieder.)*

Pantalone. Für was sollen wir ihn jetzt halten? Für einen Schlaukopf oder für einen Narren?

Dottore. Ich weiß nicht recht. Anscheinend hat er von beiden etwas.

Brighella. Ich halt ihn eher für ein bißchen naiv. Er ist Bergamaske, und ich kann mir nicht denken, daß er ein Gauner ist.

Smeraldina. Witz hat er auch. *(Für sich.)* Er gefällt mir ganz gut, der kleine Schwarzkopf.

Pantalone. Aber was soll nun diese Geschichte mit dem Sior Federigo?

Clarice. Wäre er wirklich hier, dann wäre das eine allzu bittere Nachricht für mich.

Pantalone *(zu Clarice).* So eine Ungereimtheit! Ihr habt doch ebenfalls die Briefe gelesen!

Silvio. Und wenn er auch lebt und hier ist, dann ist er doch zu spät gekommen!

Truffaldino *(zurückkommend).* Ich muß mich recht sehr über die Herrschaften wundern. So behandelt man nicht arme Menschen. So hintergeht man nicht Fremde. Ehrenmänner benehmen sich nicht so. Und ich will Genugtuung dafür haben.

Pantalone *(für sich).* Natürlich ist der verrückt! *(Zu Truffaldino.)* Was denn? Was hat man Euch denn angetan?

Truffaldino. Andarme a dir che sior Federigh Rasponi l'è morto?

Pantalone. E cussì?

Truffaldino. E cussì l'è qua, vivo, san, spiritoso e brillante, che el vol reverirla, se la se contenta.

Pantalone. Sior Federigo?

Truffaldino. Sior Federigo.

Pantalone. Rasponi?

Truffaldino. Rasponi.

Pantalone. Da Turin?

Truffaldino. Da Turin.

Pantalone. Fio mio, andè all'ospeal, che sè matto.

Truffaldino. Corpo del diavolo! Me faressi bestemiar come un zogador. Mo se l'è qua, in casa, in sala, che ve vegna el malanno.

Pantalone. Adessadesso ghe rompo el muso.

Dottore. No, signor Pantalone, fate una cosa; ditegli che faccia venire innanzi questo tale, ch'egli crede essere Federigo Rasponi.

Pantalone. Via, felo vegnir avanti sto morto ressuscità.

Truffaldino *(a Pantalone con collera).* Che el sia sta morto e che el sia ressuscità, pol esser, mi no gh'ho niente in contrario. Ma adesso l'è vivo e el vederì coi vostri occhi. Vagh a dirghe che el vegna. E da qua avanti imparè a trattar coi forestieri, coi omeni della me sorte, coi Bergamaschi onorati. *(A Smeraldina, e parte.)* Quella giovine, a so tempo se parleremo.

Clarice *(piano a Silvio).* Silvio mio, tremo tutta.

Silvio *(piano a Clarice).* Non dubitate; in qualunque evento sarete mia.

Dottore. Ora ci chiariremo della verità.

Truffaldino. Mir vorzumachen, daß der Sior Federigo Rasponi tot ist!

Pantalone. Na und?

Truffaldino. Na und: er ist hier, lebendig, bei guter Gesundheit, geistreich und witzig, und er will Ihnen seine Aufwartung machen, wenn's Ihnen recht ist.

Pantalone. Der Sior Federigo?

Truffaldino. Der Sior Federigo.

Pantalone. Rasponi?

Truffaldino. Rasponi.

Pantalone. Aus Turin?

Truffaldino. Aus Turin.

Pantalone. Lieber Mann, geht ins Irrenhaus, Ihr seid ja verrückt!

Truffaldino. Teufel! Sie bringen mich noch zum Fluchen, als wär ich ein Spieler! Jawohl, und wenn er jetzt hier ist, im Haus, im Zimmer, dann soll er Sie auch gleich holen!

Pantalone. Ich hau Euch eine runter!

Dottore. Nicht doch, Signor Pantalone, tut lieber etwas anderes; sagt ihm, er soll diesen Jemand herbringen, den er für Federigo Rasponi hält.

Pantalone. Nun, dann laßt diesen wiederauferstandenen Toten hereinkommen.

Truffaldino *(aufgebracht zu Pantalone).* Daß er gestorben und wiederauferstanden ist, kann schon möglich sein, dagegen hab ich auch nichts. Jedenfalls ist er jetzt lebendig, und das werden Sie mit eigenen Augen feststellen. Ich sag ihm, daß er nun kommen soll. Und für Sie soll's eine Lehre sein, wie man Fremde behandelt, Menschen meines Schlags, anständige Bergamasken! *(Zu Smeraldina.)* Jungfer, wir sprechen uns noch. *(Ab.)*

Clarice *(leise zu Silvio).* Mein Silvio, ich zittere wie Espenlaub!

Silvio *(leise zu Clarice).* Seid unbesorgt, Ihr werdet auf jeden Fall die Meine sein!

Dottore. Nun werden wir die Wahrheit kennenlernen.

Pantalone. Pol vegnir qualche baronato a darme da intender delle fandonie.

Brighella. Mi, come ghe diseva, sior compare, l'ho conossudo el sior Federigo; se el sarà lu, vederemo.

Smeraldina *(da sè).* Eppure quel morettino non ha una fisonomia da bugiardo. Voglio veder se mi riesce ... *(Verso gli altri.)* Con buona grazia di lor signori. *(Parte.)*

SCENA III

Beatrice in abito da uomo, sotto il nome di Federigo, e detti.

Beatrice. Signor Pantalone, la gentilezza che io ho ammirato nelle vostre lettere, non corrisponde al trattamento che voi mi fate in persona. Vi mando il servo, vi fo passar l'ambasciata, e voi mi fate stare all'aria aperta, senza degnarvi di farmi entrare che dopo una mezz'ora?

Pantalone. La compatissa ... Ma chi xela ela, patron?

Beatrice. Federigo Rasponi di Torino per obbedirvi. *(Tutti fanno atti d'ammirazione.)*

Brighella *(da sè).* Cossa vedio? Coss'è sto negozio? Questo non l'è Federigo, l'è la siora Beatrice so sorella. Vôi osservar dove tende sto inganno.

Pantalone. Mi resto attonito ... Me consolo de vederla san e vivo, quando avevimo avudo delle cattive nove. *(Piano al Dottore.)* Ma gnancora no ghe credo, savè.

Beatrice. Lo so: fu detto che in una rissa rimasi estinto. Grazie al cielo, fui solamente ferito; e appena risanato,

Pantalone. Vielleicht kommt irgendein Gauner und will mir einen Unsinn weismachen.

Brighella. Wie ich Ihnen schon sagte, Herr Gevatter, ich hab den Sior Federigo gekannt: ist er's, dann merk ich's schon.

Smeraldina *(für sich)*. Und doch sieht mir dieser kleine Schwarzkopf gar nicht wie ein Schwindler aus. Ich will doch mal sehen, ob ich ... *(Zu den andern.)* Mit Verlaub, die Herrschaften. *(Ab.)*

DRITTE SZENE

Beatrice in Männerkleidern, unter dem Namen Federigo, und die Vorigen.

Beatrice. Signor Pantalone, die Höflichkeit, die ich stets in Euern Briefen bewunderte, entspricht keineswegs der Behandlung, die Ihr mir persönlich zuteil werden laßt. Ich schicke Euch meinen Diener, ich lasse mich anmelden, und Ihr laßt mich im Freien stehen und geruht erst nach einer halben Stunde, mich hereinzubitten!

Pantalone. Entschuldigen Sie ... Aber wer sind Sie denn, mein Herr?

Beatrice. Federigo Rasponi aus Turin, wenn Ihr gestattet. *(Alle geben ihrer Verwunderung Ausdruck.)*

Brighella *(für sich)*. Was seh ich? Was soll das heißen? Das ist doch nicht der Federigo, sondern seine Schwester, die Siora Beatrice. Ich bin nur gespannt, was die Verstellung bezweckt.

Pantalone. Das wundert mich aber ... Ich freu mich, Sie so gesund und lebendig zu sehen, obwohl wir böse Kunde hatten. *(Leise zum Dottore.)* Aber ich glaub's ihm noch nicht, wißt Ihr.

Beatrice. Ich weiß: man hat gesagt, ich sei im Verlauf einer Rauferei ums Leben gekommen. Gottlob wurde ich nur verwundet, und kaum war ich wiederhergestellt, un-

intrapresi il viaggio di Venezia, già da gran tempo con voi concertato.

Pantalone. No so cossa dir. La so ciera xe da galantomo: ma mi gh'ho riscontri certi e seguri, che sior Federigo sia morto; onde la vede ben ... se no la me dà qualche prova in contrario ...

Beatrice. È giustissimo il vostro dubbio; conosco la necessità di giustificarmi. Eccovi quattro lettere dei vostri amici corrispondenti; una delle quali è del ministro della nostra Banca. Riconoscerete le firme e vi accerterete dell'esser mio. *(Dà quattro lettere a Pantalone, il quale le legge da sè.)*

Clarice *(piano a Silvio)*. Ah Silvio, siamo perduti!

Silvio *(piano a Clarice)*. La vita perderò, ma non voi!

Beatrice *(da sè, avvedendosi di Brighella)*. Oimè! Qui Brighella? Come diamine qui si ritrova costui? Egli mi conoscerà certamente; non vorrei che mi discoprisse. *(Forte a Brighella.)* Amico, mi par di conoscervi.

Brighella. Sì signor, no la s'arrecorda a Turin Brighella Cavicchio?

Beatrice *(si va accostando a Brighella)*. Ah sì, ora vi riconosco. Bravo galantuomo, che fate in Venezia? *(Piano a Brighella.)* Per amor del cielo, non mi scoprite.

Brighella *(piano a Beatrice)*. Non gh'è dubbio. *(Forte alla medesima.)* Fazzo el locandier, per servirla.

Beatrice. Oh, per l'appunto; giacchè ho il piacer di conoscervi, verrò ad alloggiare alla vostra locanda.

Brighella. La me farà grazia. *(Da sè.)* Qualche contrabando, siguro.

Pantalone. Ho sentio tutto. Certo, che ste lettere le

ternahm ich sofort diese Reise nach Venedig, die schon lange mit Euch abgesprochen war.

Pantalone. Ich weiß nicht, was ich dazu sagen soll. Sie sehen wohl nach einem Ehrenmann aus, aber ich hab sichere und zuverlässige Nachrichten, daß der Sior Federigo gestorben ist. Sie verstehen ... wenn Sie mir keinen Gegenbeweis liefern ...

Beatrice. Euer Zweifel ist gerechtfertigt; ich weiß, daß es an mir ist, mich auszuweisen. Hier habt Ihr vier Briefe, die Eure Geschäftsfreunde geschrieben haben; der eine ist von unserm Bankvorsteher. Ihr werdet die Unterschriften erkennen und Euch von meiner Person überzeugen. *(Überreicht Pantalone vier Briefe, die dieser für sich liest.)*

Clarice *(leise zu Silvio)*. Ach, Silvio, wir sind verloren!

Silvio *(leise zur Clarice)*. Mein Leben will ich verlieren, aber nicht Euch.

Beatrice *(für sich, Brighella sehend)*. Oh! Der Brighella ist da? Wie ist der nur hierhergekommen? Bestimmt wird er mich wiedererkennen; wenn er mich nur nicht verrät! *(Laut zu Brighella.)* Mein Freund, ich glaube, wir kennen uns.

Brighella. Jawohl, Signore. Erinnern Sie sich nicht mehr an den Brighella Cavicchio in Turin?

Beatrice *(an Brighella herantretend)*. Ach ja, jetzt erkenne ich Euch wieder. Lieber Mann, was macht Ihr denn in Venedig? *(Leise zu Brighella.)* Um Gottes willen, verratet mich nicht.

Brighella *(leise zu Beatrice)*. Da können Sie ganz unbesorgt sein. *(Laut zu Beatrice.)* Ich mach den Gastwirt, zu dienen.

Beatrice. Oh, ausgezeichnet! Da ich schon das Vergnügen habe, Euch zu kennen, will ich auch in Euerm Gasthaus Logis nehmen.

Brighella. Das soll mir eine Ehre sein. *(Für sich.)* Da steckt doch bestimmt irgendeine Machenschaft dahinter.

Pantalone. Ich hab alles zur Kenntnis genommen. Ge-

me accompagna el sior Federigo Rasponi, e se ella me le presenta, bisognerave creder che la fosse ... come che dise ste lettere.

Beatrice. Se qualche dubbio ancor vi restasse, ecco qui messer Brighella; egli mi conosce, egli può assicurarvi dell'esser mio.

Brighella. Senz'altro, sior compare, lo assicuro mi.

Pantalone. Co la xe cussì, co me l'attesta, oltre le lettere, anca mio compare Brighella, caro sior Federigo, me ne consolo con ela e ghe domando scusa se ho dubità.

Clarice. Signor padre, quegli è dunque il signor Federigo Rasponi?

Pantalone. Mo el xe elo lu.

Clarice *(piano a Silvio)*. Me infelice, che sarà di noi?

Silvio *(piano a Clarice)*. Non dubitate, vi dico; siete mia e vi difenderò.

Pantalone *(piano al Dottore)*. Cossa diseu, Dottor, xelo vegnù a tempo?

Dottore. Accidit in puncto, quod non contingit in anno.

Beatrice *(accennando Clarice)*. Signor Pantalone, chi è quella signora?

Pantalone. La xe Clarice mia fia.

Beatrice. Quella a me destinata in isposa?

Pantalone. Sior sì, giusto quella. *(Da sè.)* Adesso son in un bell'intrigo.

Beatrice *(a Clarice)*. Signora, permettetemi ch'io abbia l'onore di riverirvi.

Clarice *(sostenuta)*. Serva divota.

Beatrice *(a Pantalone)*. Molto freddamente m'accoglie.

wißlich sind dies Begleitbriefe für den Sior Federigo Rasponi, und da ich sie von Ihnen überreicht bekam, müßte man annehmen, daß Sie ... sind, was diese Briefe sagen.

Beatrice. Sollte Euch noch irgendein Zweifel geblieben sein: hier steht Messer Brighella; er kennt mich und kann Euch bezeugen, daß ich es bin.

Brighella. Selbstverständlich, Herr Gevatter, ich bezeuge es Ihnen.

Pantalone. Nun, da mir diese Versicherung nicht nur von den Briefen, sondern auch von meinem Gevatter Brighella kommt, so freut mich das für Sie, lieber Sior Federigo; und ich bitte um Vergebung, wenn ich gezweifelt habe.

Clarice. Herr Vater, ist das nun der Signor Federigo Rasponi?

Pantalone. Ja, er ist es.

Clarice *(leise zu Silvio)*. Ich Unglückliche, was wird jetzt aus uns werden?

Silvio *(leise zu Clarice)*. Ihr braucht doch keine Angst zu haben. Ihr seid die Meine, und ich verteidige Euch.

Pantalone *(leise zum Dottore)*. Was meint Ihr, Dottore, ist er pünktlich eingetroffen?

Dottore. Accidit in puncto, quod non contingit in anno.*

Beatrice *(auf Clarice weisend)*. Signor Pantalone, wer ist diese Signora?

Pantalone. Das ist meine Tochter Clarice.

Beatrice. Die mir zur Frau bestimmt ist?

Pantalone. Ja, Sior, eben die. *(Für sich.)* Jetzt bin ich ganz schön in der Klemme.

Beatrice *(zu Clarice)*. Signora, gestattet mir, Euch meine Ehrerbietung auszusprechen.

Clarice *(mit Zurückhaltung)*. Ergebenste Dienerin.

Beatrice *(zu Pantalone)*. Sie empfängt mich recht kühl.

* (lat.) In einem Augenblick ereignet sich, was im Verlaufe eines Jahres nicht geschah. (Anmerkung des Übersetzers.)

Pantalone. Cossa vorla far? La xe timida de natura.

Beatrice *(a Pantalone, accennando Silvio).* E quel signore è qualche vostro parente?

Pantalone. Sior sì; el xe un mio nevodo.

Silvio *(a Beatrice).* No signore, non sono suo nipote altrimenti, sono lo sposo della signora Clarice.

Dottore *(piano a Silvio).* Bravo! Non ti perdere. Di' la tua ragione, ma senza precipitare.

Beatrice. Come! Voi sposo della signora Clarice? Non è ella a me destinata?

Pantalone. Via, via. Mi scoverzirò tutto. Caro sior Federigo, se credeva che fosse vera la vostra disgrazia che fussi morto, e cussì aveva dà mia fia a sior Silvio; qua no ghe xe un mal al mondo. Finalmente sè arrivà in tempo. Clarice xe vostra, se la volè, e mi son qua a mantegnirve la mia parola. Sior Silvio, no so cossa dir; vedè coi vostri occhi la verità. Savè cossa che v'ho dito, e de mi no ve podè lamentar.

Silvio. Ma il signor Federigo non si contenterà di prendere una sposa, che porse ad altri la mano.

Beatrice. Io poi non sono sì delicato. La prenderò non ostante. *(Da sè.)* Voglio anche prendermi un poco di divertimento.

Dottore *(da sè).* Che buon marito alla moda! Non mi dispiace.

Beatrice. Spero che la signora Clarice non ricuserà la mia mano.

Silvio. Orsù, signore, tardi siete arrivato. La signora Clarice deve esser mia, nè sperate che io ve la ceda. Se il signor Pantalone mi farà torto, saprò vendicarmene; e

Pantalone. Was kann man da machen? Sie ist von Natur aus schüchtern.

Beatrice *(zu Pantalone, auf Silvio deutend).* Und dieser Signore gehört wohl zu Eurer Verwandtschaft?

Pantalone. Jawohl, Sior, er ist ein Neffe von mir.

Silvio *(zu Beatrice).* Nein, Signore, ich bin durchaus nicht sein Neffe, ich bin der Bräutigam der Signora Clarice.

Dottore *(leise zu Silvio).* Gut gemacht! Verliere nur nicht deine Fassung. Sag deine Meinung, aber laß dich nicht hinreißen.

Beatrice. Wie! Ihr seid der Bräutigam der Signora Clarice? Ist sie nicht mir bestimmt?

Pantalone. Aber, aber! Ich erklär's ja schon! Lieber Sior Federigo, die traurige Kunde von Ihrem Tod galt als sicher, und so hab ich meine Tochter dem Sior Silvio gegeben; das ist auf der ganzen Welt kein Unrecht. Schließlich sind Sie ja noch rechtzeitig gekommen. Wenn Sie wollen, dann gehört Clarice Ihnen, und ich steh hier zu meinem Wort. Sior Silvio, ich weiß nicht, was ich Ihnen noch sagen soll. Sie sehen ja selbst, wie es sich verhält. Sie wissen ja, was ich Ihnen gesagt habe, und Sie können sich auch nicht über mich beklagen.

Silvio. Aber der Signor Federigo wird sich wohl kaum mit einer Braut abfinden wollen, die einem andern ihre Hand gegeben hat.

Beatrice. So delikat bin ich nun wieder nicht. Ich nehme sie trotzdem. *(Für sich.)* Ich will mir auch einen kleinen Spaß gönnen.

Dottore *(für sich).* Was für ein moderner Ehemann! Gar nicht so übel!

Beatrice. Ich hoffe, die Signora Clarice wird meine Hand nicht zurückweisen.

Silvio. Nun, Signore, da sind Sie zu spät gekommen! Die Signora Clarice muß die Meine werden, und Sie brauchen sich gar keine Hoffnung zu machen, daß ich sie Ihnen abtrete. Wenn mir der Signor Pantalone Unbill

chi vorrà Clarice, dovrà contenderla con questa spada. *(Parte.)*

Dottore *(da sè).* Bravo, corpo di Bacco!

Beatrice *(da sè).* No, no, per questa via non voglio morire.

Dottore. Padrone mio, V. S. è arrivato un po' tardi. La signora Clarice l'ha da sposare mio figlio. La legge parla chiaro. Prior in tempore, potior in iure. *(Parte.)*

Beatrice *(a Clarice).* Ma voi, signora sposa, non dite nulla?

Clarice. Dico che siete venuto per tormentarmi. *(Parte.)*

SCENA IV

Pantalone, Beatrice e Brighella, poi il Servitore di Pantalone.

Pantalone. Come, pettegola? Cossa distu? *(Le vuol correr dietro.)*

Beatrice. Fermatevi, signor Pantalone; la compatisco. Non conviene prenderla con asprezza. Col tempo spero di potermi meritare la di lei grazia. Intanto andremo esaminando i nostri conti, che è uno dei due motivi per cui, come vi è noto, mi son portato a Venezia.

Pantalone. Tutto xe all'ordine per el nostro conteggio. Ghe farò veder el conto corrente; i so bezzi xe parechiai, e faremo el saldo co la vorà.

Beatrice. Verrò con più comodo a riverirvi; per ora, se mi permettete, andrò con Brighella a spedire alcuni

zufügt, dann zahle ich ihm das heim; und wer Clarice haben will, muß sie mir erst mit diesem Degen streitig machen! *(Ab.)*

Dottore *(für sich)*. Verflixt, das war gut!

Beatrice *(für sich)*. Nein, nein, auf solche Art will ich nicht umkommen!

Dottore. Mein Herr, Euer Gnaden sind ein bißchen zu spät gekommen. Die Signora Clarice muß meinen Sohn heiraten. Das Gesetz spricht eine klare Sprache: Prior in tempore, potior in jure.* *(Ab.)*

Beatrice *(zu Clarice)*. Und Ihr, Jungfer Braut, sagt nichts dazu?

Clarice. Ich sage, daß Ihr gekommen seid, um mich zu quälen! *(Ab.)*

VIERTE SZENE

Pantalone, Beatrice und Brighella, dann Pantalones Diener.

Pantalone. Was, du Schamlose? Was hast du da gesagt? *(Will hinter ihr her.)*

Beatrice. Bleibt nur, Signor Pantalone; ich verzeih ihr. Es ist nicht zweckmäßig, sie so hart anzufassen. Mit der Zeit hoffe ich mir noch ihr Wohlwollen zu erringen. Inzwischen wollen wir uns der Abrechnung unserer Geschäfte zuwenden; Ihr wißt ja, daß dies einer der beiden Gründe ist, die mich zur Reise nach Venedig veranlaßt haben.

Pantalone. Was unsere Abrechnung betrifft, so ist alles in bester Ordnung. Ich werde Ihnen das Kontokorrent vorlegen. Das Geld ist bereitgestellt, und wenn Sie wollen, können wir den Saldo machen.

Beatrice. Ich werde Euch in größerer Ruhe meine Aufwartung machen. Wenn Ihr gestattet, will ich jetzt mit Brighella einige Kleinigkeiten erledigen, um die man mich

* (lat.) Wer zuerst kommt, mahlt zuerst. (Anmerkung des Übersetzers.)

verzeihen - perdonare

piccioli affari che mi sono stati raccomandati. Egli è pratico della città, potrà giovarmi nelle mie premure.

P a n t a l o n e. La se serva come che la vol; e se la gh'ha bisogno de gnente, la comanda.

B e a t r i c e. Se mi darete un poco di denaro, mi farete piacere; non ho voluto prenderne meco per non discapitare nelle monete.

P a n t a l o n e. Volentiera; la servirò. Adesso no gh'è el Cassier. Subito che el vien, ghe manderò i bezzi fina a casa. No vala a star da mio compare Brighella?

B e a t r i c e. Certamente, vado da lui; e poi manderò il mio servitore; egli è fidatissimo, gli si può fidar ogni cosa.

P a n t a l o n e. Benissimo; la servirò come la comanda, e se la vol restar da mi a far penitenza, la xe parona.

B e a t r i c e. Per oggi vi ringrazio. Un'altra volta sarò a incomodarvi.

P a n t a l o n e. Donca starò attendendola.

S e r v i t o r e *(a Pantalone)*. Signore, è domandato.

P a n t a l o n e. Da chi?

S e r v i t o r e. Di là ... non saprei ... *(Piano a Pantalone.)* Vi sono degl'imbrogli.

P a n t a l o n e. Vegno subito. *(A Beatrice.)* Con so bona grazia. La scusa, se no la compagno. *(A Brighella.)* Brighella, vu sè de casa; servilo vu sior Federigo.

B e a t r i c e. Non vi prendete pena per me.

P a n t a l o n e. Bisogna che vaga. A bon reverirla. *(Da sè, e parte.)* Non voria che nassesse qualche diavolezzo.

gebeten hat. Er kennt sich in der Stadt aus und kann mir bei meinen Gängen behilflich sein.

Pantalone. Ganz, wie Sie wünschen; und wenn Sie irgend etwas brauchen sollten, ich stehe zu Ihrer Verfügung.

Beatrice. Ihr tut mir einen Gefallen, wenn Ihr mir etwas Geld gebt; ich habe keines mitgenommen, um vor Schaden sicher zu sein.

Pantalone. Gern. Das will ich tun. Mein Kassierer ist jetzt nicht da. Wenn er kommt, schicke ich Ihnen das Geld ins Haus. Sie wohnen doch bei meinem Gevatter Brighella?

Beatrice. Natürlich gehe ich zu ihm. Ich schicke Euch dann meinen Diener; er ist sehr zuverlässig, und man kann ihm alles anvertrauen.

Pantalone. Ausgezeichnet. Ich werde Ihnen zu Diensten sein, wie Sie es wünschen; aber vielleicht haben Sie auch Lust, hier bei mir noch eine Kleinigkeit zu sich zu nehmen.

Beatrice. Für heute danke ich Euch. Ich werde Euch ein andermal in Anspruch nehmen.

Pantalone. Ich werde Sie also erwarten.

Diener *(zu Pantalone)*. Signore, man wünscht Sie.

Pantalone. Wer?

Diener. Drüben ... ich weiß nicht recht ... *(Leise zu Pantalone.)* Da herrscht große Verwirrung.

Pantalone. Ich komm sofort. *(Zu Beatrice.)* Sie erlauben doch. Entschuldigen Sie, wenn ich Sie nicht zur Tür bringe. *(Zu Brighella.)* Brighella, Ihr wißt ja hier Bescheid; kümmert Euch um den Sior Federigo.

Beatrice. Macht Euch um mich keine Sorgen.

Pantalone. Ich muß gehen. Empfehl mich bestens. *(Für sich.)* Daß mir da bloß kein Unfug passiert! *(Ab.)*

SCENA V

Beatrice e Brighella.

Brighella. Se pol saver, siora Beatrice? ...

Beatrice. Chetatevi, per amor del cielo, non mi scoprite. Il povero mio fratello è morto, ed è rimasto ucciso o dalle mani di Florindo Aretusi, o da alcun altro per di lui cagione. Vi sovverrete che Florindo mi amava, e mio fratello non voleva che io gli corrispondessi. Si attaccarono non so come: Federigo morì, e Florindo, per timore della giustizia, se n'è fuggito senza potermi dare un addio. Sa il cielo se mi dispiace la morte del povero mio fratello, e quanto ho pianto per sua cagione; ma oramai non vi è più rimedio, e mi duole la perdita di Florindo. So che a Venezia erasi egli addrizzato, ed io ho fatto la risoluzione di seguitarlo. Cogli abiti e colle lettere credenziali di mio fratello, eccomi qui arrivata colla speranza di ritrovarvi l'amante. Il signor Pantalone, in grazia di quelle lettere, e in grazia molto più della vostra asserzione, mi crede già Federigo. Faremo il saldo dei nostri conti, riscuoterò del denaro e potrò soccorrere anche Florindo, se ne avrà di bisogno. Guardate dove conduce amore! Secondatemi, caro Brighella, aiutatemi; sarete largamente ricompensato.

Brighella. Tutto va ben, ma no vorave esser causa mi che sior Pantalon, sotto bona fede, ghe pagasse el contante e che po el restasse burlà.

Beatrice. Come burlato? Morto mio fratello, non sono io l'erede?

Brighella. L'è la verità. Ma perchè no scovrirse?

Beatrice. Se mi scopro, non faccio nulla. Pantalone principierà a volermi far da tutore; e tutti mi secche-

FÜNFTE SZENE

Beatrice und Brighella.

Brighella. Darf man erfahren, Siora Beatrice? ...

Beatrice. Sprecht leise, um Gottes willen, und verratet mich nicht. Mein armer Bruder ist tot, umgekommen durch die Hand Florindo Aretusis oder durch einen andern seinetwegen. Gewiß ist Euch erinnerlich, daß Florindo mich liebte und mein Bruder dagegen war, daß ich diese Liebe erwiderte. Ich weiß nicht, wie sie aneinandergerieten: Federigo starb, und Florindo floh aus Furcht vor der Justiz, ohne mir adieu sagen zu können. Der Himmel ist Zeuge, wie sehr ich den Tod meines armen Bruders bedaure und wie viele Tränen ich um ihn vergossen habe; aber nun ist nichts mehr daran zu ändern, und mich schmerzt der Verlust Florindos. Ich weiß, daß er sich nach Venedig begeben hat, und so habe ich beschlossen, ihm zu folgen. Jetzt bin ich in meines Bruders Kleidern und mit seinen Beglaubigungsschreiben hier und hoffe, den Geliebten wiederzufinden. Auf jene Schreiben und viel mehr noch auf Eure Beteuerung hin hält mich der Signor Pantalone bereits für Federigo. Wir werden unsere Konten abrechnen, ich werde Geld bekommen, und so kann ich auch Florindo helfen, falls er es nötig hat. Da könnt Ihr sehen, wohin die Liebe führt! Und nun unterstützt mich, lieber Brighella, helft mir! Es wird Euch reichlich vergolten werden.

Brighella. Schön und gut; aber ich möcht doch nicht schuld daran sein, daß Ihnen der Sior Pantalone in gutem Glauben das Geld auszahlt und hinterher das Nachsehen hat.

Beatrice. Wieso das Nachsehen? Bin ich nach dem Tod meines Bruders nicht der Erbe?

Brighella. Das stimmt schon. Aber warum geben Sie sich dann nicht zu erkennen?

Beatrice. Wenn ich mich zu erkennen gebe, erreiche ich gar nichts. Pantalone wird mich gleich bevormunden wol-

ranno, che non istà bene, che non conviene e che so io? Voglio la mia libertà. Durerà poco, ma pazienza. Frattanto qualche cosa sarà.

Brighella. Veramente, signora, l'è sempre stada un spiritin bizzarro. La lassa far a mi, la staga su la mia fede. La se lassa servir.

Beatrice. Andiamo alla vostra locanda.

Brighella. El so servitor dov'elo?

Beatrice. Ha detto che mi aspetterà sulla strada.

Brighella. Dove l'hala tolto quel martuffo? Nol sa gnanca parlar.

Beatrice. L'ho preso per viaggio. Pare sciocco qualche volta, ma non lo è; e circa la fedeltà non me ne posso dolere.

Brighella. Ah, la fedeltà l'è una bella cossa. Andemo, la resta servida; vardè amor cossa che el fa far.

Beatrice. Questo non è niente. Amor ne fa far di peggio. *(Parte.)*

Brighella. Eh, avemo principià ben. Andando in là, no se sa cossa possa succeder. *(Parte.)*

SCENA VI

Strada colla locanda di Brighella.

Truffaldino solo.

Truffaldino. Son stuffo d'aspettar, che no posso più. Co sto me patron se magna poco, e quel poco el me lo fa suspirar. Mezzo zorno della città l'è sonà che è mezza ora, e el mezzo zorno delle mie budelle l'è sonà che sarà do ore. Almanco savesse dove s'ha d'andar a alozar. I alter subit che i arriva in qualche città, la prima

len, und alle werden mich damit ärgern, daß so etwas nicht recht ist, daß sich das nicht gehört und was weiß ich noch alles! Ich will meine Freiheit haben. Und wenn sie auch nicht lange dauert, so wird unterdessen doch etwas geschehen.

Brighella. Na, Signora, Sie sind ja schon immer ein bißchen eigen gewesen. Aber lassen Sie mich nur machen, und rechnen Sie auf mich. Ich will Ihnen gern zu Diensten sein.

Beatrice. Gehen wir in Euer Gasthaus.

Brighella. Wo steckt denn Ihr Diener?

Beatrice. Er wollte mich auf der Straße erwarten.

Brighella. Wo haben Sie eigentlich diesen Tölpel aufgelesen? Er kann ja nicht mal anständig reden.

Beatrice. Ich habe ihn unterwegs engagiert. Manchmal glaubt man, er sei töricht, aber das ist er gar nicht; und was die Treue anbetrifft, so kann ich mich nicht beklagen.

Brighella. Oh, die Treue ist schon was wert. Gehn wir, wenn's beliebt. Was die Liebe nicht alles fertigbringt!

Beatrice. Das ist noch gar nichts. Die Liebe kann viel Schlimmeres anstellen! *(Ab.)*

Brighella. Na, für den Anfang war's nicht schlecht. Wer weiß, wie das noch weitergeht! *(Ab.)*

SECHSTE SZENE

Straße mit dem Gasthaus Brighellas.

Truffaldino allein.

Truffaldino. Jetzt hängt mir aber diese Warterei zum Hals raus! Bei dem Herrn kriegt man wenig zu essen, und nach dem bißchen läßt er mich auch noch seufzen! In der Stadt hat's schon vor einer halben Stunde Mittag geschlagen, und in meinen Gedärmen spür ich schon seit zwei Stunden das Mittagläuten. Wenn ich wenigstens wüßte, wo wir uns einquartieren. Wenn die andern in irgendeine Stadt gekommen sind, dann ging's immer gleich

cossa i va all'osteria. Lu, sior no, el lassa i bauli in barca del corrier, el va a far visite e nol se recorda del povero servitor. Quand ch'i dis, bisogna servir i patroni con amor! Bisogna dir ai patroni, ch'i abbia un poco de carità per la servitù. Qua gh'è una locanda; quasi quasi anderia a veder se ghe fuss da devertir el dente; ma se el patron me cerca? So danno, che l'abbia un poco de discrezion. Vôi andar; ma adess che ghe penso, gh'è un'altra piccola difficoltà, che no me l'arecordava; non ho gnanca un quattrin. Oh povero Truffaldin! Più tost che far el servitor, corpo del diavol, me vôi metter a far ... cossa mo? Per grazia del cielo, mi no so far gnente.

SCENA VII

Florindo da viaggio con un Facchino col baule in spalla, e detto.

Facchino. Ghe digo che no posso più; el pesa che el mazza.

Florindo. Ecco qui un'insegna d'osteria o di locanda. Non puoi far questi quattro passi?

Facchino. Aiuto; va el baul in terra.

Florindo. L'ho detto che tu non saresti stato al caso: sei troppo debole; non hai forza. *(Regge il baule sulle spalle del facchino.)*

Truffaldino *(osservando il facchino, da sè).* Se podess vadagnar diese soldi. *(A Florindo.)* Signor, comandela niente da mi? La poss'io servir?

Florindo. Caro galantuomo, aiutate a portare questo baule in quell'albergo.

ins Wirtshaus. Der hier denkt gar nicht daran, er läßt sein Gepäck im Postboot, macht Besuche und vergißt dabei seinen armen Diener. Es heißt, man soll seinen Herren mit Liebe dienen! Aber man muß den Herren sagen, daß sie ein bißchen Mitleid mit ihrer Dienerschaft haben sollen. Da ist ein Gasthaus; beinah möcht ich hingehen und nachschauen, ob man was unter die Zähne schieben kann. Aber wenn mich mein Herr sucht? Sein eigener Schaden. Soll er Anstand lernen. Ich will schon hin; aber da fällt mir gerade ein, daß noch ein anderes kleines Hindernis besteht, an das ich nicht gedacht habe: ich hab ja kein bißchen Geld in der Tasche. Ach, armer Truffaldino! Viel lieber als Diener sein, Teufel noch mal, möcht ich ... was denn eigentlich? Oh, du lieber Himmel, ich versteh ja sonst gar nichts!

SIEBENTE SZENE

Florindo, in Reisekleidung, mit Träger, der einen Koffer auf dem Rücken trägt, und der Vorige.

Träger. Ich schaff's nicht mehr; der erdrückt einen ja mit seinem Gewicht.

Florindo. Da ist ein Gasthausschild. Kannst du die paar Schritte nicht mehr gehen?

Träger. Hilfe! Der Koffer rutscht ab!

Florindo. Ich habe ja gesagt, daß du nicht der geeignete Mann bist. Du bist zu schwächlich, du hast keine Kraft. *(Stützt den Koffer auf dem Rücken des Trägers.)*

Truffaldino *(dem Träger zusehend, für sich).* Vielleicht kann ich mir ein paar Soldi* verdienen. *(Zu Florindo.)* Signore, können Sie mich nicht gebrauchen? Soll ich Ihnen behilflich sein?

Florindo. Lieber Mann, vielleicht helfen Sie, den Koffer in jenes Gasthaus zu tragen.

* Soldo, pl. Soldi – kleine italienische Kupfermünze (Anmerkung des Übersetzers.)

T r u f f a l d i n o. Subito, la lassa far a mi. La varda come che se fa. Passa via. *(Va colla spalla sotto al baule, lo prende tutto sopra di sè e caccia in terra il facchino con una spinta.)*

F l o r i n d o. Bravissimo.

T r u f f a l d i n o. Se nol pesa gnente! *(Entra nella locanda col baule.)*

F l o r i n d o *(al facchino)*. Vedete come si fa?

F a c c h i n o. Mi no so far de più. Fazzo el facchin per desgrazia; ma son fiol de una persona civil.

F l o r i n d o. Che cosa faceva vostro padre?

F a c c h i n o. Mio padre? El scortegava i agnelli per la città.

F l o r i n d o *(da sè)*. Costui è un pazzo; non occorr'altro. *(Vuol andar nella locanda.)*

F a c c h i n o. Lustrissimo, la favorissa.

F l o r i n d o. Che cosa?

F a c c h i n o. I bezzi della portadura.

F l o r i n d o. Quanto ti ho da dare per dieci passi? Ecco lì la corriera. *(Accenna dentro alla scena.)*

F a c c h i n o *(Stende la mano)*. Mi no conto i passi; la me paga.

F l o r i n d o. Eccoti cinque soldi. *(Gli mette una moneta in mano.)*

F a c c h i n o *(tiene la mano stesa)*. La me paga.

F l o r i n d o. O che pazienza! Eccotene altri cinque. *(Fa come sopra.)*

F a c c h i n o. La me paga.

F l o r i n d o *(gli dà un calcio)*. Sono annoiato.

F a c c h i n o. Adesso son pagà. *(Parte.)*

Truffaldino. Sofort, lassen Sie mich nur machen. Da sehen Sie mal, wie man so was anpackt! Weg mit dir! *(Beugt sich unter den Koffer, nimmt ihn ganz alleine auf seinen Rücken und versetzt dem Träger einen Stoß, daß dieser zu Boden fällt.)*

Florindo. Wunderbar!

Truffaldino. Der wiegt ja auch nichts! *(Geht mit dem Koffer ins Gasthaus.)*

Florindo *(zum Träger)*. Seht Ihr jetzt, wie man das macht?

Träger. Ich kann nicht mehr. Ich bin nur Träger aus Not; aber mein Vater ist Bürgersmann gewesen.

Florindo. Welchen Beruf hat Euer Vater ausgeübt?

Träger. Mein Vater? Er hat die Schafe für die Stadt gehäutet.

Florindo *(für sich)*. Der ist verrückt; was braucht's da noch! *(Will ins Gasthaus gehen.)*

Träger. Hochverehrter, ich bitt schön!

Florindo. Was ist?

Träger. Das Geld fürs Tragen.

Florindo. Was willst du denn für die zehn Schritte? Dort liegt das Postboot! *(Zeigt in die Bühne.)*

Träger *(die Hand ausstreckend)*. Ich zähl keine Schritte; geben Sie mir die Bezahlung.

Florindo. Da hast du fünf Soldi. *(Drückt ihm ein Geldstück in die Hand.)*

Träger *(immer noch die Hand ausstreckend)*. Geben Sie mir die Bezahlung.

Florindo. Braucht man da eine Geduld! Da hast du noch fünf. *(Wie oben.)*

Träger. Geben Sie mir die Bezahlung.

Florindo *(ihm einen Fußtritt versetzend)*. Das ist doch die Höhe!

Träger. Jetzt hab ich die Bezahlung. *(Ab.)*

SCENA VIII

Florindo, poi Truffaldino.

Florindo. Che razza di umori si danno! Aspettava proprio che io lo maltrattassi. Oh, andiamo un po' a vedere che albergo è questo ...

Truffaldino. Signor, l'è restada servida.

Florindo. Che alloggio è codesto?

Truffaldino. L'è una bona locanda, signor. Boni letti, bei specchi, una cusina bellissima, con un odor che consola. Ho parlà col camerier. La sarà servida da re.

Florindo. Voi che mestiere fate?

Truffaldino. El servitor.

Florindo. Siete veneziano?

Truffaldino. No son venezian, ma son qua del Stato. Son bergamasco, per servirla.

Florindo. Adesso avete padrone?

Truffaldino. Adesso ... veramente non l'ho.

Florindo. Siete senza padrone?

Truffaldino. Eccome qua; la vede, son senza padron. *(Da sè.)* Qua nol gh'è el me padron, mi no digo busie.

Florindo. Verreste voi a servirmi?

Truffaldino. A servirla? Perchè no? *(Da sè.)* Se i patti fusse meggio, me cambieria de camisa.

Florindo. Almeno per il tempo ch'io sto in Venezia.

Truffaldino. Benissimo. Quando me vorla dar?

Florindo. Quanto pretendete?

Truffaldino. Ghe dirò: un altro patron che aveva, e che adesso qua nol gh'ho più, el me dava un felippo al mese e le spese.

ACHTE SZENE

Florindo, dann Truffaldino.

Florindo. Launen haben die Menschen! Hat er doch tatsächlich darauf gewartet, daß ich ihn malträtiere! Aber nun wollen wir einmal nachsehen, was dies für ein Gasthaus ist ...

Truffaldino. Signore, Sie sind bedient.

Florindo. Was ist das für ein Quartier?

Truffaldino. Ein gutes Gasthaus, Signore. Gute Betten, schöne Spiegel und eine wunderschöne Küche mit einem Duft, der eine Wohltat ist. Ich hab mit dem Kellner gesprochen. Sie werden wie ein König bedient werden.

Florindo. Was seid Ihr von Beruf?

Truffaldino. Diener.

Florindo. Seid Ihr Venezianer?

Truffaldino. Nein, nicht Venezianer, aber zum gleichen Staat gehör ich doch. Bin Bergamaske, zu dienen.

Florindo. Habt Ihr im Augenblick einen Herrn?

Truffaldino. Im Augenblick ... eigentlich nicht.

Florindo. Ihr seid also ohne?

Truffaldino. Hier steh ich: wie Sie sehen, bin ich ohne. *(Für sich.)* Mein Herr ist ja nicht da, also lüge ich nicht.

Florindo. Würdet Ihr in meine Dienste treten?

Truffaldino. In Ihre Dienste? Warum auch nicht? *(Für sich.)* Ist der Lohn besser, kann ich mein Hemd wechseln.

Florindo. Wenigstens solange ich in Venedig bin.

Truffaldino. Sehr gut. Was wollen Sie mir denn geben?

Florindo. Was wollt Ihr haben?

Truffaldino. Das sag ich Ihnen gleich: ein anderer Herr, den ich gehabt habe und hier jetzt nicht mehr habe, hat mir einen Filippo* im Monat und die Spesen gegeben.

* Silbermünze (Anmerkung des Übersetzers).

Florindo. Bene, e tanto vi darò io.

Truffaldino. Bisognerave che la me dasse qualcossetta de più.

Florindo. Che cosa pretendereste di più?

Truffaldino. Un soldetto al zorno per el tabacco.

Florindo. Sì, volentieri; ve lo darò.

Truffaldino. Co l'è cussì, stago con lu.

Florindo. Ma vi vorrebbe un poco d'informazione dei fatti vostri.

Truffaldino. Co no la vol altro che informazion dei fatti mii, la vada a Bergamo, che tutti ghe dirà chi son.

Florindo. Non avete nessuno in Venezia che vi conosca?

Truffaldino. Son arrivà stamattina, signor.

Florindo. Orsù; mi parete un uomo da bene. Vi proverò.

Truffaldino. La me prova e la vederà.

Florindo. Prima d'ogni altra cosa, mi preme vedere se alla Posta vi siano lettere per me. Eccovi mezzo scudo; andate alla Posta di Torino, domandate se vi sono lettere di Florindo Aretusi; se ve ne sono, prendetele e portatele subito, che vi aspetto.

Truffaldino. Intanto la fazza parecchiar da disnar.

Florindo. Sì, bravo, farò preparare. *(Da sè.)* È faceto; non mi dispiace. A poco alla volta ne farò la prova. *(Entra nella locanda.)*

Florindo. Gut, soviel gebe ich Euch auch.

Truffaldino. Sie müßten mir schon ein kleines bißchen mehr geben.

Florindo. Wieviel wollt Ihr denn mehr?

Truffaldino. Nur einen Soldo täglich für Tabak.

Florindo. Aber gern; den geb ich Euch.

Truffaldino. Dann bleib ich bei Ihnen.

Florindo. Aber ich müßte noch Auskunft über Euch bekommen.

Truffaldino. Wenn Sie sonst nichts wollen als Auskunft über mich, dann gehen Sie ruhig nach Bergamo. Dort sagt Ihnen jeder, wer ich bin.

Florindo. Habt Ihr denn keinen Menschen in Venedig, der Euch kennt?

Truffaldino. Ich bin erst heut früh angekommen, Signore.

Florindo. Nun denn, Ihr scheint mir ein anständiger Mensch zu sein. Ich will's mit Euch probieren.

Truffaldino. Probieren Sie's nur mit mir, dann werden Sie schon sehen.

Florindo. Vor allem anderen muß ich sofort wissen, ob auf der Post Briefe für mich liegen. Da habt Ihr einen halben Scudo*. Geht zur Turiner Poststelle und fragt nach, ob Briefe für Florindo Aretusi eingegangen sind; wenn ja, dann nehmt sie in Empfang und bringt sie mir augenblicklich her, ich warte auf Euch.

Truffaldino. Lassen Sie doch inzwischen das Essen anrichten.

Florindo. Ja, ganz recht, ich werde anrichten lassen. *(Für sich.)* Der ist ein Witzbold, aber ich halte ihn nicht für übel. Ich werde ihn schon noch auf die Probe stellen. *(Ab ins Gasthaus.)*

* Scudo, pl. Scudi – der frühere italienische Taler (Anmerkung des Übersetzers).

SCENA IX

Truffaldino, poi Beatrice da uomo e Brighella.

T r u f f a l d i n o. Un soldo al zorno de più, i è trenta soldi al mese; no l'è gnanca vero che quell'alter me daga un felippo; el me dà diese pauli. Pol esser che diese pauli i fazza un felippo, ma mi nol so de seguro. E po quel sior Turinese nol vedo più. L'è un matto. L'è un zovenotto, che no gh'ha barba e no gh'ha giudizio. Lassemolo andar; andemo alla Posta per sto sior... *(Vuol partire ed incontra Beatrice.)*

B e a t r i c e. Bravissimo. Così mi aspetti?

T r u f f a l d i n o. Son qua, signor. V'aspetto ancora.

B e a t r i c e. E perchè vieni a aspettarmi qui, e non nella strada dove ti ho detto? È un accidente che ti abbia ritrovato.

T r u f f a l d i n o. Ho spasseggià un pochetto, perchè me passasse la fame.

B e a t r i c e. Orsù, va in questo momento alla barca del corriere. Fatti consegnare il mio baule e portalo alla locanda di messer Brighella ...

B r i g h e l l a. Eccola là la mia locanda; nol pol falar.

B e a t r i c e. Bene dunque, sbrigati, che ti aspetto.

T r u f f a l d i n o *(da sè)*. Diavolo! In quella locanda!

B e a t r i c e. Tieni, nello stesso tempo anderai alla posta di Torino e domanderai se vi sono mie lettere. Anzi domanda se vi sono lettere di Federigo Rasponi e di Beatrice Rasponi. Aveva da venir meco anche mia sorella e per un incomodo è restata in villa; qualche amica le

NEUNTE SZENE

Truffaldino, dann Beatrice in Männerkleidung und Brighella.

T r u f f a l d i n o. Täglich einen Soldo mehr, macht dreißig Soldi im Monat. Es ist gar nicht wahr, daß mir der andere einen Filippo gibt; zehn Paoli* gibt er mir. Schon möglich, daß zehn Paoli dasselbe sind wie ein Filippo, aber so genau weiß ich das nicht. Und überhaupt sehe ich jenen Turiner Herrn gar nicht mehr. Der spinnt ja. Ein junger Kerl ohne Bart und ohne Verstand. Lassen wir ihn doch laufen. Und jetzt gehen wir zur Post für diesen Sior ... *(Will gehen und stößt auf Beatrice.)*

B e a t r i c e. Wunderbar! So wartest du also auf mich?

T r u f f a l d i n o. Da bin ich, Signore. Ich wart immer noch auf Sie.

B e a t r i c e. Und warum wartest du ausgerechnet hier auf mich und nicht dort auf der Straße, wie ich dir's befahl? Es ist der reine Zufall, daß ich dich wiedergefunden habe.

T r u f f a l d i n o. Ich bin ein bißchen spazierengegangen, damit mir der Hunger vergeht.

B e a t r i c e. Geh augenblicklich zum Postboot, laß dir meinen Koffer geben und bring ihn in Messer Brighellas Gasthaus ...

B r i g h e l l a. Dort ist mein Gasthaus; man kann nicht fehlen.

B e a t r i c e. Also gut. Mach schnell, ich erwarte dich.

T r u f f a l d i n o *(für sich)*. Teufel! In jenes Gasthaus!

B e a t r i c e. Übrigens kannst du auch gleich zur Turiner Poststelle gehen und nachfragen, ob Briefe für mich angekommen sind. Erkundige dich, ob Briefe für Federigo Rasponi und Beatrice Rasponi da sind. Meine Schwester sollte auch mit mir kommen, ist aber wegen einer Unpäßlichkeit auf unserm Landsitz geblieben. Vielleicht hat

* Paolo, pl. Paoli – toskanische Silbermünze (Anmerkung des Übersetzers).

potrebbe scrivere; guarda se ci sono lettere o per lei, o per me.

Truffaldino *(da sè).* Mi no so quala far. Son l'omo più imbroià de sto mondo.

Brighella *(piano a Beatrice).* Come aspettela lettere al so nome vero e al so nome finto, se l'è partida segretamente?

Beatrice *(piano a Brighella).* Ho lasciato ordine che mi scriva ad un servitor mio fedele che amministra le cose della mia casa; non so con qual nome egli mi possa scrivere. Ma andiamo, che con comodo vi narrerò ogni cosa. *(Forte.)* Spicciati, va alla Posta e va alla corriera. Prendi le lettere, fa portar il baule nella locanda, ti aspetto. *(Entra nella locanda.)*

Truffaldino *(a Brighella).* Si vu el patron della locanda?

Brighella. Sì ben, son mi. Porteve ben, e non ve dubitè che ve farò magnar ben. *(Entra nella locanda.)*

SCENA X

Truffaldino, poi Silvio.

Truffaldino *(incamminandosi).* Oh bella! Ghe n'è tanti che cerca un padron e mi ghe n'ho trovà do. Come diavol oia da far? Tutti do no li posso servir. No? E perchè no? No la saria una bella cossa servirli tutti do, e guadagnar do salari, e magnar el doppio? La saria bella, se no i se ne accorzesse. E se i se ne accorze, cossa pèrdio? Gnente. Se uno me manda via, resto con quell'altro. Da galantomo, che me vôi provar. Se la durasse

ihr irgendeine Freundin geschrieben. Du siehst also nach, ob Briefe für sie oder für mich da sind.

Truffaldino *(für sich).* Jetzt weiß ich überhaupt nicht, was ich tun soll. So tief wie ich sitzt kaum einer in der Patsche.

Brighella *(leise zu Beatrice).* Wieso erwarten Sie Briefe unter Ihrem richtigen und Ihrem falschen Namen, wenn Sie doch heimlich abgereist sind?

Beatrice *(leise zu Brighella).* Ich habe einem treuen Diener, der sich inzwischen um mein Haus kümmert, Anweisung gegeben, mir zu schreiben; nun weiß ich nicht, unter welchem Namen er mir schreibt. Aber gehen wir jetzt, ich will Euch noch alles in Ruhe erklären. *(Laut.)* Beeil dich, geh zur Poststelle und zum Postboot. Hol die Briefe ab und laß den Koffer ins Gasthaus schaffen, ich erwarte dich. *(Ab ins Gasthaus.)*

Truffaldino *(zu Brighella).* Seid Ihr der Wirt von diesem Gasthaus?

Brighella. Jawohl, der bin ich. Und wenn Ihr Euch anständig aufführt, dann bekommt Ihr auch anständig von mir zu essen. *(Ab ins Gasthaus.)*

ZEHNTE SZENE

Truffaldino, dann Silvio.

Truffaldino *(sich zum Gehen anschickend).* Jetzt schlägt's dreizehn! So viele sind auf der Suche nach einem Herrn, und ich hab gleich zwei gefunden. Wie zum Teufel soll ich mich jetzt anstellen? Allen beiden kann ich doch nicht dienen! Kann nicht? Und warum eigentlich nicht? Wär's nicht eine wunderbare Sache, alle beide zu bedienen, zweimal Lohn zu bekommen und zweimal zu essen? Schön wär's, wenn sie nichts davon merken würden. Und wenn sie's auch merken, was kann ich schon dabei verlieren? Gar nichts. Schickt mich der eine fort, dann bleib ich beim andern. Bei meiner Ehr, ich will den

anca un dì solo, me vôi provar. Alla fin averò sempre fatto una bella cossa. Animo; andemo alla Posta per tutti do.

Silvio *(da sè).* Questi è il servo di Federigo Rasponi. *(A Truffaldino.)* Galantuomo.
Truffaldino. Signor.
Silvio. Dov'è il vostro padrone?
Truffaldino. El me padron? L'è là in quella locanda.
Silvio. Andate subito dal vostro padrone, ditegli ch'io gli voglio parlare; s'è uomo d'onore venga giù, ch'io l'attendo.
Truffaldino. Ma caro signor ...
Silvio *(con voce alta).* Andate subito.
Truffaldino. Ma la sappia che el me padron ...
Silvio. Meno repliche, giuro al cielo.
Truffaldino. Ma qualo ha da vegnir? ...

Silvio. Subito, o ti bastono.
Truffaldino *(da sè).* No so gnente, manderò el primo che troverò. *(Entra nella locanda.)*

SCENA XI

Silvio, poi Florindo e Truffaldino.

Silvio. No, non sarà mai vero, ch'io soffra vedermi innanzi agli occhi un rivale. Se Federigo scampò la vita una volta, non gli succederà sempre la stessa sorte. O ha da rinunziare ogni pretensione sopra Clarice, o l'avrà da far meco ... Esce altra gente dalla locanda. Non vorrei essere disturbato. *(Si ritira dalla parte opposta.)*

Truffaldino *(accenna Silvio a Florindo).* Ecco là quel sior che butta fogo da tutte le bande.

Versuch machen. Und geht's auch nur einen Tag lang gut, aber ich versuch's. Am Ende hab ich mir dann immer ein hübsches Stückchen geleistet. Nur Mut! Jetzt gehen wir erst mal für alle beide zur Post.

Silvio *(für sich).* Das ist ja der Diener Federigo Rasponis. *(Zu Truffaldino.)* Guter Mann!

Truffaldino. Signore.

Silvio. Wo ist Euer Herr?

Truffaldino. Mein Herr? Der ist dort in dem Gasthaus.

Silvio. Geht augenblicklich zu Euerm Herrn und sagt ihm, daß ich ihn sprechen will; und wenn er ein Mann von Ehre ist, dann soll er herkommen, ich erwarte ihn.

Truffaldino. Aber, lieber Signore ...

Silvio *(mit erhobener Stimme).* Geht augenblicklich!

Truffaldino. Aber wissen Sie, daß mein Herr ...

Silvio. Keine Widerrede, bei Gott!

Truffaldino. Aber welcher soll denn jetzt kommen? ...

Silvio. Los, oder es setzt Prügel!

Truffaldino *(für sich).* Ich weiß überhaupt nichts; ich schick einfach den ersten, der mir in die Quere kommt. *(Ab ins Gasthaus.)*

ELFTE SZENE

Silvio, dann Florindo und Truffaldino.

Silvio. Nein, es soll niemals geschehen, daß ich einen Rivalen vor meinen Augen dulde. Wenn Federigo einmal mit dem Leben davongekommen ist, so soll er das gleiche Glück nicht jedesmal haben. Entweder er verzichtet voll und ganz auf Clarice, oder er bekommt es mit mir zu tun ... Aber da tritt jemand anderes aus dem Gasthaus. Ich möchte nicht gestört werden. *(Zieht sich auf die entgegengesetzte Seite zurück.)*

Truffaldino *(zu Florindo, auf Silvio deutend).* Da ist der Sior, der Feuer schnaubt.

Florindo *(a Truffaldino)*. Io non lo conosco. Che cosa vuole da me?

Truffaldino. Mi no so gnente. Vado a tor le lettere; con so bona grazia. *(Da sè, e parte.)* No voggio impegni.

Silvio *(da sè)*. E Federigo non viene.

Florindo *(da sè)*. Voglio chiarirmi della verità. *(A Silvio.)* Signore, siete voi che mi avete domandato?

Silvio. Io? Non ho nemmeno l'onor di conoscervi.

Florindo. Eppure quel servitore, che ora di qui è partito, mi ha detto che con voce imperiosa e con minaccie avete preteso di provocarmi.

Silvio. Colui m'intese male; dissi che parlar volevo al di lui padrone.

Florindo. Bene, io sono il di lui padrone.

Silvio. Voi, il suo padrone?

Florindo. Senz' altro. Egli sta al mio servizio.

Silvio. Perdonate dunque, o il vostro servitore è simile ad un altro che ho veduto stamane, o egli serve qualche altra persona.

Florindo. Egli serve me, non ci pensate.

Silvio. Quand' è così, torno a chiedervi scusa.

Florindo. Non vi è male. Degli equivoci ne nascon sempre.

Silvio. Siete voi forestiere, signore?

Florindo. Torinese, a' vostri comandi.

Silvio. Torinese appunto era quello con cui desiderava sfogarmi.

Florindo. Se è mio paesano, può essere ch'io lo conosca, e s'egli vi ha disgustato, m'impiegherò volentieri per le vostre giuste soddisfazioni.

Silvio. Conoscete voi un certo Federigo Rasponi?

Florindo. Ah! l'ho conosciuto pur troppo.

Silvio. Pretende egli per una parola avuta dal padre

Florindo *(zu Truffaldino)*. Ich kenne ihn nicht. Was will er von mir?

Truffaldino. Ich weiß von nichts. Ich geh jetzt die Briefe holen. Mit Verlaub. *(Für sich.)* Ich will keine Scherereien. *(Ab.)*

Silvio *(für sich)*. Und Federigo erscheint nicht.

Florindo *(für sich)*. Ich will das aufklären. *(Zu Silvio.)* Signore, Ihr habt nach mir verlangt?

Silvio. Ich? Ich habe nicht einmal die Ehre, Euch zu kennen.

Florindo. Und doch hat mir jener Diener, der eben fortgegangen ist, hinterbracht, daß Ihr mich mit barschem Ton und mit Drohungen herausfordern wolltet.

Silvio. Da hat er mich mißverstanden. Ich sagte, daß ich mit seinem Herrn sprechen wollte.

Florindo. Nun gut, ich bin sein Herr.

Silvio. Ihr seid sein Herr?

Florindo. Unbedingt. Er steht in meinen Diensten.

Silvio. Dann verzeiht; entweder sieht Euer Diener einem andern ähnlich, den ich heute morgen gesehen habe, oder er dient einem andern Herrn.

Florindo. Er dient mir, das könnt Ihr getrost glauben.

Silvio. Wenn dem so ist, bitte ich nochmals um Verzeihung.

Florindo. Keine Ursache. Mißverständnisse kommen immer vor.

Silvio. Ihr seid hier fremd, Signore?

Florindo. Ich bin aus Turin, zu dienen.

Silvio. Eben aus Turin war auch jener, den ich mir vornehmen wollte.

Florindo. Wenn er mein Landsmann ist, kenne ich ihn vielleicht, und hat er Euch beleidigt, so will ich mich gern für Eure gerechte Genugtuung einsetzen.

Silvio. Ist Euch ein gewisser Federigo Rasponi bekannt?

Florindo. Oh! Den hab ich leider gekannt.

Silvio. Wegen eines Wortes, das er vom Vater bekom-

togliere a me una sposa, che questa mane mi ha giurato la fede.

Florindo. Non dubitate, amico, Federigo Rasponi non può involarvi la sposa. Egli è morto.

Silvio. Sì, tutti credevano ch'ei fosse morto, ma stamane giunse vivo e sano in Venezia, per mio malanno, per mia disperazione.

Florindo. Signore, voi mi fate rimaner di sasso.

Silvio. Ma! Ci sono rimasto anch'io.

Florindo. Federigo Rasponi vi assicuro che è morto.

Silvio. Federigo Rasponi vi assicuro ch'è vivo.

Florindo. Badate bene che v'ingannerete.

Silvio. Il signor Pantalone de' Bisognosi, padre della ragazza, ha fatto tutte le possibili diligenze per assicurarsene ed ha certissime prove che sia egli proprio in persona.

Florindo *(da sè)*. Dunque non restò ucciso, come tutti credettero, nella rissa!

Silvio. O egli, o io abbiamo da rinunziare agli amori di Clarice, o alla vita.

Florindo *(da sè)*. Qui Federigo? Fuggo dalla giustizia e mi trovo a fronte il nemico!

Silvio. E molto che voi non l'abbiate veduto. Doveva alloggiare in codesta locanda.

Florindo. Non l'ho veduto; qui m'hanno detto che non vi era forestiere nessuno.

Silvio. Avrà cambiato pensiere. Signore, scusate se vi ho importunato. Se lo vedete, ditegli che per suo meglio abbandoni l'idea di cotali nozze. Silvio Lombardi è il mio nome; avrò l'onore di riverirvi.

Florindo. Gradirò sommamente la vostra amicizia. *(Da sè.)* Resto pieno di confusione.

men, maßt er sich an, mir die Braut streitig zu machen, die mir heute früh Treue geschworen hat.

Florindo. Macht Euch keine Sorgen, mein Freund, Federigo Rasponi kann keinen Anspruch auf Eure Braut erheben. Er ist tot.

Silvio. Ja, alle dachten, er sei tot; aber heute früh traf er zu meinem Unheil und zu meiner Verzweiflung gesund und lebendig in Venedig ein.

Florindo. Signore, Ihr setzt mich in größtes Erstaunen.

Silvio. Ebenso erging es mir.

Florindo. Ich versichere Euch, daß Federigo Rasponi tot ist.

Silvio. Und ich versichere Euch, daß Federigo Rasponi lebt.

Florindo. Ihr täuscht Euch gewiß.

Silvio. Der Signor Pantalone de' Bisognosi, Vater des Mädchens, hat alles nur Mögliche getan, um sicherzugehen, und besitzt untrügliche Beweise, daß er es tatsächlich ist.

Florindo *(für sich)*. Also ist er doch nicht in der Rauferei umgekommen, wie alle Welt glaubte.

Silvio. Er oder ich müssen auf Clarices Liebe oder auf das Leben verzichten.

Florindo *(für sich)*. Federigo hier? Ich fliehe vor der Justiz und stehe meinem Feinde gegenüber!

Silvio. Es ist allerhand, daß Ihr ihn nicht gesehen habt. Er sollte in diesem Gasthaus Logis nehmen.

Florindo. Ich habe ihn nicht gesehen. Und man hat mir gesagt, daß hier kein Fremder wohne.

Silvio. Wahrscheinlich hat er es sich anders überlegt. Signore, verzeiht, wenn ich Euch belästigt habe. Solltet Ihr ihn aber noch sehen, dann sagt ihm bitte, er möge zu seinem Besten jeden Gedanken an eine solche Heirat aufgeben. Ich heiße Silvio Lombardi; ich werde die Ehre haben, Euch meine Aufwartung zu machen.

Florindo. Ich werde Eure Freundschaft außerordentlich zu schätzen wissen. *(Für sich.)* Ich bin völlig verwirrt.

Silvio. Il vostro nome, in grazia, poss'io saperlo?

Florindo *(da sè).* Non vo' scoprirmi. *(Al Silvio.)* Orazio Ardenti per obbedirvi.

Silvio. Signor Orazio, sono a'vostri comandi. *(Parte.)*

SCENA XII

Florindo solo.

Florindo. Come può darsi che una stoccata, che lo passò dal fianco alle reni, non l'abbia ucciso? Lo vidi pure io stesso disteso al suolo, involto nel proprio sangue. Intesi dire che spirato egli era sul colpo. Pure potrebbe darsi che morto non fosse. Il ferro toccato non lo avrà nelle parti vitali. La confusione fa travedere. L'esser io fuggito di Torino subito dopo il fatto, che a me per la inimicizia nostra venne imputato, non mi ha lasciato luogo a rilevare la verità. Dunque, giacchè non è morto, sarà meglio ch'io ritorni a Torino, ch'io vada a consolare la mia diletta Beatrice, che vive forse penando e piange per la mia lontananza.

SCENA XIII

Truffaldino con un altro facchino che porta il baule di Beatrice, e detto. Truffaldino s'avanza alcuni passi col facchino, poi accorgendosi di Florindo e dubitando esser veduto, fa ritirare il facchino.

Truffaldino. Andemo con mi ... Oh diavol! L'è qua quest'alter padron. Retirete, camerada, e aspetteme su quel canton. *(Il facchino si ritira.)*

Florindo *(da sè).* Sì, senz'altro. Ritornerò a Torino.

Silvio. Dürfte ich um Euern Namen bitten?

Florindo *(für sich)*. Ich will mich nicht verraten. *(Zu Silvio.)* Orazio Ardenti, zu dienen.

Silvio. Signor Orazio, ergebenster Diener. *(Ab.)*

ZWÖLFTE SZENE

Florindo allein.

Florindo. Wie ist es nur möglich, daß ihn ein Degenstoß, der ihm seitwärts bis in die Nieren ging, nicht getötet hat? Ich sah ihn selbst ausgestreckt in seinem Blute liegen. Ich vernahm, daß er auf der Stelle verschieden sei. Immerhin wäre es denkbar, daß er nicht gestorben ist. Wahrscheinlich hat die Klinge doch kein lebenswichtiges Organ verletzt. In der Aufregung kann man sich irren. Da ich gleich nach der Tat, die mir wegen unserer Feindschaft zugeschrieben wurde, aus Turin floh, hatte ich keine Möglichkeit mehr, den wahren Sachverhalt zu erfahren. Nun, da er nicht tot ist, kehre ich wohl am besten nach Turin zurück, um meine geliebte Beatrice zu trösten, die vielleicht in größten Ängsten schwebt und meine Abwesenheit beweint.

DREIZEHNTE SZENE

Truffaldino mit einem andern Träger, der Beatrices Koffer trägt, und der Vorige. Truffaldino kommt mit dem Träger einige Schritte nach vorn, sieht Florindo und läßt den Träger zurücktreten, damit dieser nicht gesehen wird.

Truffaldino. Komm nur mit ... Teufel noch mal! Da ist dieser andere Herr! Geh zurück, Kamerad, und warte dort an der Ecke auf mich. *(Der Träger zieht sich zurück.)*

Florindo *(für sich)*. Jawohl, ich kehre wieder nach Turin zurück.

Truffaldino. Son qua, signor ...
Florindo. Truffaldino, vuoi venir a Torino con me?
Truffaldino. Quando?
Florindo. Ora; subito.
Truffaldino. Senza disnar?
Florindo. No; si pranzerà, e poi ce n'andremo.
Truffaldino. Benissimo; disnando ghe penserò.

Florindo. Sei stato alla Posta?
Truffaldino. Signor sì.
Florindo. Hai trovato mie lettere?
Truffaldino. Ghe n'ho trovà.
Florindo. Dove sono?
Truffaldino. Adesso le troverò. *(Tira fuori di tasca tre lettere. Da sè.)* Oh diavolo! Ho confuso quelle de un patron con quelle dell'altro. Come faroio a trovar fora le soe? Mi no so lezer.

Florindo. Animo, dà qui le mie lettere.
Truffaldino. Adesso, signor. *(Da sè.)* Son imbroiado. *(A Florindo.)* Ghe dirò, signor. Ste tre lettere no le vien tutte a V. S. Ho trovà un servitor che me cognosse, che semo stadi a servir a Bergamo insieme; gh'ho dit che andava alla Posta, e el m'ha pregà che vede se gh'era niente per el so padron. Me par che ghe ne fusse una, ma no la conosso più, no so quala che la sia.

Florindo. Lascia vedere a me; prenderò le mie e l'altra te la renderò.
Truffaldino. Tolì pur. Me preme de servir l'amigo.

Florindo *(da sè)*. Che vedo? Una lettera diretta a Beatrice Rasponi? A Beatrice Rasponi in Venezia!
Truffaldino. L'avì trovada quella del me camerada?

Truffaldino. Da bin ich, Signore ...
Florindo. Truffaldino, willst du mit mir nach Turin?
Truffaldino. Wann?
Florindo. Jetzt, sofort.
Truffaldino. Ohne Essen?
Florindo. Nein; wir essen, und dann reisen wir ab.
Truffaldino. Sehr schön. Beim Essen überleg ich's mir.
Florindo. Bist du auf der Post gewesen?
Truffaldino. Ja, Signore.
Florindo. Sind Briefe für mich dagewesen?
Truffaldino. Ja, es sind welche dagewesen.
Florindo. Wo sind sie denn?
Truffaldino. Gleich hab ich sie. *(Zieht drei Briefe aus seiner Tasche. Für sich.)* Teufel! Jetzt hab ich die Briefe von dem einen Herrn mit denen des andern durcheinandergebracht. Wie stell ich's nur an, um die seinen herauszufinden? Ich kann doch nicht lesen.
Florindo. Gib mir schon meine Briefe!
Truffaldino. Sofort, Signore. *(Für sich.)* Ich bin ganz durcheinander. *(Zu Florindo.)* Ich will Ihnen was sagen, Signore. Die drei Briefe hier sind nicht alle für Euer Wohlgeboren. Ich bin einem andern Diener begegnet, der mich von Bergamo her kennt, wo wir mal zusammen gedient haben; ich hab ihm gesagt, daß ich zur Post geh, und da hat er gemeint, ich soll nachschauen, ob auch was für seinen Herrn dabei ist. Ich glaub, einer ist dabei, aber ich kenn ihn nicht mehr, ich weiß nicht, welcher es ist.
Florindo. Laß mal sehen; ich nehme mir meine Briefe und gebe dir den anderen wieder zurück.
Truffaldino. Bitt schön. Ich will meinem Freund unbedingt den Gefallen tun.
Florindo *(für sich)*. Was sehe ich? Ein Brief an Beatrice Rasponi? An Beatrice Rasponi in Venedig?
Truffaldino. Haben Sie den Brief für meinen Kameraden gefunden?

Florindo. Chi è questo tuo camerata, che ti ha dato una tale incombenza?

Truffaldino. L'è un servitor ... che gh'ha nome Pasqual.

Florindo. Chi serve costui?

Truffaldino. Mi no lo so, signor.

Florindo. Ma se ti ha detto di cercar le lettere del suo padrone, ti avrà dato il nome.

Truffaldino. Naturalmente. *(Da sè.)* L'imbroio cresse.

Florindo. Ebbene, che nome ti ha dato?

Truffaldino. No me l'arecordo.

Florindo. Come! ...

Truffaldino. El me l'ha scritto su un pezzo de carta.

Florindo. E dov'è la carta?

Truffaldino. L'ho lassada alla Posta.

Florindo *(da sè).* Io sono in un mare di confusioni.

Truffaldino *(da sè).* Me vado inzegnando alla meio.

Florindo. Dove sta di casa questo Pasquale?

Truffaldino. No lo so in verità.

Florindo. Come potrai ricapitargli la lettera?

Truffaldino. El m'ha dito che se vederemo in piazza.

Florindo *(da sè).* Io non so che pensare.

Truffaldino *(da sè).* Se la porto fora netta, l'è un miracolo. *(A Florindo.)* La me favorissa quella lettera, che vederò de trovarlo.

Florindo. No, questa lettera voglio aprirla.

Truffaldino. Oibò; no la fazza sta cossa. La sa pur, che pena gh'è a avrir le lettere.

Florindo. Wer ist denn dieser Kamerad, der dir einen solchen Auftrag gegeben hat?

Truffaldino. Ein Diener ... er heißt Pasquale.

Florindo. Und wem dient er?

Truffaldino. Das weiß ich nicht, Signore.

Florindo. Aber wenn er dich gebeten hat, die Briefe für seinen Herrn abzuholen, dann muß er doch den Namen gesagt haben!

Truffaldino. Natürlich. *(Für sich.)* Es wird immer verzwickter!

Florindo. Also, welchen Namen hat er dir gesagt?

Truffaldino. Ich kann mich nicht mehr erinnern.

Florindo. Was! ...

Truffaldino. Er hat ihn mir auf ein Stück Papier geschrieben.

Florindo. Und wo ist das Papier?

Truffaldino. Das hab ich auf der Post gelassen.

Florindo *(für sich)*. Ich weiß gar nicht, wie mir geschieht!

Truffaldino *(für sich)*. Jetzt muß ich mich aber zusammennehmen!

Florindo. Wo wohnt dieser Pasquale?

Truffaldino. Das weiß ich wirklich nicht.

Florindo. Wie willst du ihm dann den Brief übergeben?

Truffaldino. Er hat gesagt, daß wir uns auf dem Markusplatz treffen.

Florindo *(für sich)*. Ich weiß nicht, was ich davon halten soll.

Truffaldino *(für sich)*. Wenn ich mich da aus der Schlinge zieh, dann glaub ich an Wunder. *(Zu Florindo.)* Geben Sie mir bitte den Brief, ich will schauen, daß ich den Pasquale finde.

Florindo. Nein, diesen Brief will ich aufmachen.

Truffaldino. Um Gottes willen! Tun Sie das lieber nicht. Sie wissen doch, wie man für unbefugtes Brieföffnen bestraft wird!

Florindo. Tant'è, questa lettera m'interessa troppo. È diretta a persona, che mi appartiene per qualche titolo. Senza scrupolo la posso aprire. *(L'apre.)*

Truffaldino *(da sè)*. Schiavo siori. El l'ha fatta.

Florindo *(legge)*.

»Illustrissima signora padrona.

La di lei partenza da questa città ha dato motivo di discorrere a tutto il paese; e tutti capiscono ch'ella abbia fatto tale risoluzione per seguitare il signor Florindo. La Corte ha penetrato ch'ella sia fuggita in abito da uomo e non lascia di far diligenze per rintracciarla e farla arrestare. Io non ho spedito la presente da questa Posta di Torino per Venezia a dirittura, per non iscoprire il paese dov'ella mi ha confidato che pensava portarsi; ma l'ho inviata ad un amico di Genova, perchè poi di là la trasmettesse a Venezia. Se avrò novità di rimarco, non lascerò di comunicargliele collo stesso metodo, e umilmente mi rassegno.

Umilissimo e fedelissimo servitore
Tognin della Doira.«

Truffaldino *(da sè)*. Che bell'azion! Lezer i fatti d'i altri!

Florindo *(da sè)*. Che intesi mai? Che lessi? Beatrice partita di casa sua? in abito d'uomo? per venire in traccia di me? Ella mi ama davvero. Volesse il cielo che io la ritrovassi in Venezia! *(Forte.)* Va, caro Truffaldino, usa ogni diligenza per ritrovare Pasquale; procura di ricavare da lui chi sia il suo padrone, se uomo, se donna. Rileva dove sia alloggiato, e se puoi, conducilo qui da me, che a te e a lui darò una mancia assai generosa.

Florindo. Das ist mir egal, der Brief interessiert mich viel zu sehr. Er ist an jemanden gerichtet, auf den ich ein gewisses Anrecht habe. Also kann ich ihn ohne Skrupel öffnen. *(Macht den Brief auf.)*

Truffaldino *(für sich).* Hab die Ehre! Jetzt hat er's doch getan!

Florindo *(lesend).*

»Hochverehrte Signora und Herrin!

Ihre Abreise aus der Stadt hat allenthalben viel Gerede gezeitigt, und jedermann hat verstanden, daß Sie diesen Entschluß gefaßt haben, um dem Signor Florindo zu folgen. Dem Gericht ist zur Kenntnis gekommen, daß Sie in Männerkleidung geflohen sind, und es hat alle Vorkehrungen getroffen, Sie aufzuspüren und verhaften zu lassen. Ich habe diesen Brief nicht unmittelbar von der hiesigen Turiner Post aus nach Venedig expediert, um nicht den Ort zu verraten, den Sie mir im Vertrauen als Ihr Reiseziel genannt hatten, sondern habe ihn erst einem Freunde in Genua zugeleitet, damit jener ihn von dort aus nach Venedig schicke. Sofern ich etwas von Wichtigkeit in Erfahrung bringe, werde ich nicht versäumen, es Ihnen auf demselben Wege mitzuteilen. Ich verbleibe als Ihr

ergebenster und treuer Diener

Tognino della Doira«

Truffaldino *(für sich).* Ein sauberes Handwerk! In anderer Leute Angelegenheiten zu schnüffeln!

Florindo *(für sich).* Was habe ich da in Erfahrung gebracht? Was habe ich gelesen? Beatrice von zu Hause abgereist? In Männerkleidung? Um mich zu suchen? Sie liebt mich wahrhaftig. Wollte es der Himmel, daß ich sie in Venedig wiederfände! *(Laut.)* Geh jetzt, mein lieber Truffaldino, und gib dir alle nur erdenkliche Mühe, den Pasquale aufzutreiben; sieh zu, daß du von ihm herausbekommst, wem er dient und ob einem Mann oder einer Frau. Stelle fest, wo er wohnt, und wenn du kannst, dann bring ihn mir her; ihr beide sollt auch ein anständiges Trinkgeld von mir bekommen.

Truffaldino. Deme la lettera; procurerò de trovarlo.

Florindo. Eccola, mi raccomando a te. Questa cosa mi preme infinitamente.

Truffaldino. Ma ghe l'ho da dar cussì averta?

Florindo. Digli che è stato un equivoco, un accidente. Non mi trovare difficoltà.

Truffaldino. E a Turin se va più per adesso?

Florindo. No, non si va più per ora. Non perder tempo. Procura di ritrovar Pasquale. *(Da sè.)* Beatrice in Venezia, Federigo in Venezia. Se la trova il fratello, misera lei; farò io tutte le diligenze possibili per rinvenirla. *(Parte.)*

SCENA XIV

Truffaldino solo, poi il Facchino col baule.

Truffaldino. Ho gusto da galantomo, che no se vada via. Ho volontà de veder come me riesce sti do servizi. Vôi provar la me abilità. Sta lettera, che va a st'alter me padron, me despias de averghela da portar averta. M'inzegnerò de piegarla. *(Fa varie piegature cattive.)* Adess mo bisogneria bollarla. Se savess come far! Ho vist la me siora nona, che delle volte la bollava le lettere col pan mastegà. Voio provar. *(Tira fuori di tasca un pezzetto di pane.)* Me despiase consumar sto tantin de pan; ma ghe vol pazenzia. *(Mastica un po' di pane per sigillare la lettera, ma non volendo, l'inghiotte.)* Oh diavolo! L'è andà zo. Bisogna mastegarghene un altro boccon. *(Fa lo stesso e l'inghiotte.)* No gh'è remedio, la natura repugna. Me proverò un'altra volta. *(Mastica,*

Truffaldino. Geben Sie mir den Brief. Ich will sehen, daß ich ihn finde.

Florindo. Da hast du den Brief, ich verlasse mich auf dich. Die Angelegenheit liegt mir sehr am Herzen.

Truffaldino. Aber ich soll ihn so offen abgeben?

Florindo. Sag ihm, daß ein Irrtum, ein Mißgeschick vorliege. Finde mir jetzt keine Schwierigkeiten!

Truffaldino. Dann geht's also vorläufig nicht mehr nach Turin?

Florindo. Nein, im Augenblick nicht. Vertrödle keine Zeit. Sieh zu, daß du den Pasquale ausfindig machst. *(Für sich.)* Beatrice in Venedig und Federigo in Venedig. Gnade ihr Gott, wenn sie ihrem Bruder vor die Augen kommt! Ich will mein möglichstes tun, sie zu finden. *(Ab.)*

VIERZEHNTE SZENE

Truffaldino allein, dann der Träger mit Koffer.

Truffaldino. Das freut mich aber rechtschaffen, daß nicht verreist wird. Ich will doch mal sehen, wie ich mit diesen beiden Diensten zurechtkomme. Ich will meine Geschicklichkeit auf die Probe stellen. Es tut mir nur leid, daß ich diesen Brief, der für meinen andern Herrn bestimmt ist, offen überreichen muß. Versuchen wir, ihn zu falten. *(Faltet ihn verschiedene Male schlecht.)* Jetzt müßt ich ihn versiegeln. Aber ich weiß nicht wie! Da hab ich doch manchmal gesehen, wie meine Großmutter ihre Briefe mit zerkautem Brot gesiegelt hat. Ich will's versuchen. *(Holt ein kleines Stück Brot aus der Tasche.)* Eigentlich tut's mir leid um das Stückchen Brot, aber da kann man eben nichts machen. *(Kaut ein bißchen Brot, um den Brief zu versiegeln, verschluckt es aber unbeabsichtigt).* Hol's der Teufel! Das ist weg! Ich muß halt noch einen Bissen kauen. *(Wiederholt und schluckt wieder.)* Nichts zu machen, da sträubt sich die Natur. Aber ich will's doch noch mal versuchen. *(Kaut wie oben; kann*

come sopra. Vorrebbe inghiottir il pane, ma si trattiene e con gran fatica se lo leva di bocca.) Oh, l'è vegnù. Bollerò la lettera. *(La sigilla col pane.)* Me par che la staga ben. Gran mi per far le cosse pulito! Oh, no m'arecordava più del facchin. Camerada, vegnì avanti, tolì su el baul. *(Verso la scena.)*

Facchino *(col baule in spalla)*. Son qua, dove l'avemio da portar?

Truffaldino. Portel in quella locanda, che adess vegno anca mi.

Facchino. E chi pagherà?

SCENA XV

Beatrice, che esce dalla locanda, e detti.

Beatrice *(a Truffaldino)*. È questo il mio baule?

Truffaldino. Signor sì.

Beatrice *(al facchino)*. Portatelo nella mia camera.

Facchino. Qual ela la so camera?

Beatrice. Domandatelo al cameriere.

Facchino. Semo d'accordo trenta soldi.

Beatrice. Andate, che vi pagherò.

Facchino. Che la fazza presto.

Beatrice. Non mi seccate.

Facchino. Adessadesso ghe butto el baul in mezzo alla strada. *(Entra nella locanda.)*

Truffaldino. Gran persone gentili che son sti facchini!

Beatrice. Sei stato alla Posta?

Truffaldino. Signor sì.

Beatrice. Lettere mie ve ne sono?

Truffaldino. Ghe n'era una de vostra sorella.

Beatrice. Bene, dov'è?

Truffaldino. Eccola qua. *(Le dà la lettera.)*

Beatrice. Questa lettera è stata aperta.

sich nur mit größter Mühe zurückhalten, das Brot herunterzuschlucken, und holt es aus dem Mund.) Aha, das hat geklappt. Jetzt versiegle ich den Brief. *(Siegelt ihn mit dem Brot.)* Mir scheint, das sieht gut aus. Ich versteh schon mein Handwerk! Ach, jetzt hätt ich doch fast den Träger vergessen! *(In die Bühne rufend.)* Kamerad, komm her und bring den Koffer!

Träger *(mit dem Koffer auf dem Rücken).* Da bin ich. Wo soll er denn hingebracht werden?

Truffaldino. Schaff ihn hier ins Gasthaus, ich komm gleich nach.

Träger. Und wer bezahlt mich?

FÜNFZEHNTE SZENE

Beatrice, aus dem Gasthaus kommend, und die Vorigen.

Beatrice *(zu Truffaldino).* Ist das mein Koffer?

Truffaldino. Ja, Signore.

Beatrice *(zum Träger).* Tragt ihn in mein Zimmer.

Träger. Welches ist denn Ihr Zimmer?

Beatrice. Fragt den Diener.

Träger. Dreißig Soldi, recht so?

Beatrice. Geht nur, ich bezahle schon.

Träger. Beeilen Sie sich.

Beatrice. Belästigt mich nicht!

Träger. Gleich schmeiß ich den Koffer auf die Straße! *(Ab ins Gasthaus.)*

Truffaldino. Eine Höflichkeit haben diese Träger!

Beatrice. Bist du auf der Post gewesen?

Truffaldino. Jawohl, Signore.

Beatrice. Waren Briefe für mich da?

Truffaldino. Einer für Ihre Schwester war da.

Beatrice. Und wo hast du ihn?

Truffaldino. Hier hab ich ihn. *(Übergibt ihr den Brief.)*

Beatrice. Dieser Brief ist geöffnet worden.

Truffaldino. Averta? Oh! No pol esser.

Beatrice. Aperta e sigillata ora col pane.

Truffaldino. Mi no saveria mai come che la fusse.

Beatrice. Non lo sapresti, eh? Briccone, indegno; chi ha aperto questa lettera? Voglio saperlo.

Truffaldino. Ghe dirò, signor, ghe confesserò la verità. Semo tutti capaci de falar. Alla Posta gh'era una lettera mia; so poco lezer; e in fallo, in vece de averzer la mia, ho averto la soa. Ghe domando perdon.

Beatrice. Se la cosa fosse così, non vi sarebbe male.

Truffaldino. L'è così da povero fiol.

Beatrice. L'hai letta questa lettera? Sai che cosa contiene?

Truffaldino. Niente affatto. L'è un carattere che no capisso.

Beatrice. L'ha veduta nessuno?

Truffaldino *(maravigliandosi).* Oh!

Beatrice. Bada bene, veh!

Truffaldino *(come sopra).* Uh!

Beatrice *(da sè).* Non vorrei che costui m'ingannasse. *(Legge piano.)*

Truffaldino *(da sè).* Anca questa l'è tacconada.

Beatrice *(da sè).* Tognino è un servitore fedele. Gli ho dell' obbligazione. *(Forte.)* Orsù, io vado per un interesse poco lontano. Tu va nella locanda, apri il baule, eccoti le chiavi e dà un poco d'aria alli miei vestiti. Quando torno, si pranzerà. *(Da sè.)* Il signor Pantalone non si vede, ed a me premono queste monete. *(Parte.)*

Truffaldino. Geöffnet? Oh! Das kann doch nicht sein!

Beatrice. Jawohl, geöffnet und soeben mit Brot versiegelt.

Truffaldino. Ich kann mir überhaupt nicht vorstellen, wie so was möglich sein kann.

Beatrice. Du kannst es dir nicht vorstellen, was? Du Gauner, du Lump! Wer hat den Brief geöffnet? Ich will das wissen!

Truffaldino. Ich sag's Ihnen, Signore, ich gesteh Ihnen die Wahrheit. Irren ist doch menschlich. Auf der Post war auch ein Brief an mich. Ich versteh mich nur wenig aufs Lesen; und so hab ich aus Versehen nicht meinen Brief, sondern Ihren Brief aufgemacht. Ich bitt Sie um Verzeihung.

Beatrice. Wenn das stimmte, dann wäre es nicht so schlimm.

Truffaldino. Bei meiner Ehr als armer Schlucker, es stimmt!

Beatrice. Hast du den Brief gelesen? Kennst du seinen Inhalt?

Truffaldino. Nicht im geringsten. Diese Schriftart kenn ich nicht.

Beatrice. Hat ihn keiner gelesen?

Truffaldino *(verwundert)*. Ach!

Beatrice. Du, paß auf!

Truffaldino *(wie oben)*. Ach!

Beatrice *(für sich)*. Hoffentlich beschwindelt er mich nicht. *(Liest den Brief für sich.)*

Truffaldino *(für sich)*. Also, das hätten wir geschafft.

Beatrice *(für sich)*. Der Tognino ist doch eine treue Seele. Ich bin ihm zu Dank verpflichtet. *(Laut.)* Nun, ich habe jetzt etwas hier in der Nähe zu erledigen. Du gehst ins Gasthaus, machst den Koffer auf und lüftest ein wenig die Kleider. Hier sind die Schlüssel. Wenn ich zurückkomme, wird gegessen. *(Für sich.)* Der Signor Pantalone läßt sich nicht blicken, und mir eilt es mit dem Geld! *(Ab.)*

SCENA XVI

Truffaldino, poi Pantalone.

Truffaldino. Mo l'è andada ben, che no la podeva andar meio. Son un omo de garbo; me stimo cento scudi de più de quel che no me stimava.

Pantalone. Disè, amigo, el vostro patron xelo in casa?

Truffaldino. Sior no, nol ghe xe.

Pantalone. Saveu dove che el sia?

Truffaldino. Gnanca.

Pantalone. Vienlo a casa a disnar?

Truffaldino. Mi crederave de sì.

Pantalone. Tolè, col vien a casa, deghe sta borsa co sti cento ducati. No posso trattegnirme, perchè gh'ho da far. Ve reverisso. *(Parte.)*

SCENA XVII

Truffaldino, poi Florindo.

Truffaldino. La diga, la senta. Bon viazo. Nol m'ha gnanca dito a qual dei mii padroni ghe l'ho da dar.

Florindo. E bene, hai tu ritrovato Pasquale?

Truffaldino. Sior no, non l'ho trovà Pasqual, ma ho trovà uno, che m'ha dà una borsa con cento ducati.

Florindo. Cento ducati? Per farne che?

Truffaldino. Disim la verità, sior patron, aspetteu danari da nissuna banda?

Florindo. Sì, ho presentata una lettera ad un mercante.

Truffaldino. Donca sti quattrini i sarà vostri.

Florindo. Che cosa ha detto chi te li ha dati?

Truffaldino. El m'ha dit, che li daga al me padron.

SECHZEHNTE SZENE

Truffaldino, dann Pantalone.

Truffaldino. Das hätte überhaupt nicht besser klappen können. Ich bin doch ein Mordskerl! Jetzt schätze ich mich um hundert Scudi höher ein als vorher.

Pantalone. Freund, ist Euer Herr zu Haus?

Truffaldino. Nein, Sior, er ist nicht da.

Pantalone. Wißt Ihr, wo er sich aufhält?

Truffaldino. Keine Ahnung.

Pantalone. Kommt er zum Essen nach Haus?

Truffaldino. Ich denk schon.

Pantalone. Da, nehmt. Wenn er nach Haus kommt, gebt ihm diesen Beutel mit hundert Dukaten. Ich kann jetzt nicht warten, ich hab zu tun. Empfehl mich. *(Ab.)*

SIEBZEHNTE SZENE

Truffaldino, dann Florindo.

Truffaldino. Sieh und staune! Ich wünsch auch eine gute Reise. Nicht einmal gesagt hat er mir, welchem von meinen beiden Herrn ich den Beutel geben soll.

Florindo. Nun, hast du den Pasquale getroffen?

Truffaldino. Nein, Sior, den Pasquale hab ich nicht getroffen, dafür aber einen andern, der mir einen Beutel mit hundert Dukaten gegeben hat.

Florindo. Hundert Dukaten? Was sollst du damit?

Truffaldino. Sagen Sie mir die Wahrheit, Signore: Erwarten Sie vielleicht Geld von irgendwoher?

Florindo. Ja, ich habe einem Kaufmann einen Brief übergeben.

Truffaldino. Dann gehört das Geld bestimmt Ihnen.

Florindo. Und was hat derjenige gesagt, der es dir ausgehändigt hat?

Truffaldino. Er hat gesagt, ich soll's meinem Herrn geben.

Florindo. Dunque sono miei senz'altro. Non sono io il tuo padrone? Che dubbio c'è?

Truffaldino *(da sè).* Nol sa gnente de quell'alter padron.

Florindo. E non sai chi te gli abbia dati?

Truffaldino. Mi no so; me par quel viso averlo visto un'altra volta, ma no me recordo.

Florindo. Sarà un mercante, a cui sono raccomandato.

Truffaldino. El sarà lu senz'altro.

Florindo. Ricordati di Pasquale.

Truffaldino. Dopo disnar lo troverò.

Florindo. Andiamo dunque a sollecitare il pranzo. *(Entra nella locanda.)*

Truffaldino. Andemo pur. Manco mal che sta volta non ho falà. La borsa l'ho dada a chi l'aveva d'aver. *(Entra nella locanda.)*

SCENA XVIII

Camera in casa di Pantalone.

Pantalone e Clarice, poi Smeraldina.

Pantalone. Tant'è; sior Federigo ha da esser vostro mario. Ho dà parola, e no son un bambozzo.

Clarice. Siete padrone di me, signor padre; ma questa, compatitemi, è una tirannia.

Pantalone. Quando sior Federigo v'ha fatto domandar, ve l'ho dito; vu non m'avè resposo de non volerlo. Allora dovevi parlar; adesso no sè più a tempo.

Clarice. La soggezione, il rispetto mi fecero ammutolire.

Pantalone. Fe che el respetto e la suggizion fazza l'istesso anca adesso.

Clarice. Non posso, signor padre.

Pantalone. No? per cossa?

F l o r i n d o. Dann gehört es selbstverständlich mir. Bin ich nicht dein Herr? Ist das nicht klar?

T r u f f a l d i n o *(für sich).* Er weiß nichts von dem andern Herrn.

F l o r i n d o. Und du weißt nicht, wer es dir gegeben hat?

T r u f f a l d i n o. Das weiß ich nicht; ich glaub, ich hab ihn schon mal gesehen, aber ich kann mich nicht erinnern.

F l o r i n d o. Wahrscheinlich ein Kaufmann, für den ich eine Empfehlung hatte.

T r u f f a l d i n o. Ich denk auch, daß es der gewesen ist.

F l o r i n d o. Vergiß mir den Pasquale nicht!

T r u f f a l d i n o. Nach dem Essen geh ich zu ihm.

F l o r i n d o. Schön, dann wollen wir uns jetzt um das Essen kümmern. *(Ab ins Gasthaus.)*

T r u f f a l d i n o. Ja, tun wir das nur. Gott sei Dank hab ich mich diesmal nicht geirrt. Den Beutel hat der gekriegt, der ihn kriegen sollte. *(Ab ins Gasthaus.)*

ACHTZEHNTE SZENE

Zimmer im Hause Pantalones.

Pantalone und Clarice, dann Smeraldina.

P a n t a l o n e. Kurz und gut, der Sior Federigo hat Euer Mann zu werden. Ich hab mein Wort gegeben, und ich bin kein Hanswurst!

C l a r i c e. Ihr habt über mich zu verfügen, Herr Vater. Aber das, verzeiht, ist Tyrannei.

P a n t a l o n e. Als der Sior Federigo um Euch geworben hat, hab ich es Euch gesagt; und Ihr habt mir nicht gesagt, daß Ihr ihn nicht wollt. Damals hättet Ihr reden sollen; jetzt ist es zu spät.

C l a r i c e. Verlegenheit und Respekt ließen mich schweigen.

P a n t a l o n e. Dann seht zu, daß Verlegenheit und Respekt jetzt das gleiche bewirken.

C l a r i c e. Ich kann nicht, Herr Vater.

P a n t a l o n e. Nein? Warum nicht?

Clarice. Federigo non lo sposerò certamente.
Pantalone. Ve despiaselo tanto?
Clarice. È odioso agli occhi miei.
Pantalone. Anca sì che mi ve insegno el modo de far che el ve piasa?
Clarice. Come mai, signore?
Pantalone. Desmentegheve sior Silvio e vederè che el ve piaserà.
Clarice. Silvio è troppo fortemente impresso nell'anima mia; e voi coll'approvazione vostra lo avete ancora più radicato.
Pantalone *(da sè)*. Da una banda la compatisso. *(Forte.)* Bisogna far de necessità vertù.
Clarice. Il mio cuore non è capace di uno sforzo sì grande.
Pantalone. Feve animo; bisogna farlo ...
Smeraldina *(a Pantalone)*. Signor padrone, è qui il signor Federigo, che vuol riverirla.
Pantalone. Ch'el vegna, che el xe patron.
Clarice *(piange)*. Oimè! Che tormento!
Smeraldina. Che avete, signora padrona? Piangete? In verità avete torto. Non avete veduto com'è bellino il signor Federigo? Se toccasse a me una tal fortuna, non vorrei piangere, no; vorrei ridere con tanto di bocca. *(Parte.)*

Pantalone. Via, fia mia, no te far veder a pianzer.

Clarice. Ma se mi sento scoppiar il cuore.

SCENA XIX

Beatrice da uomo, e detti.

Beatrice. Riverisco il signor Pantalone.
Pantalone. Patron reverito. Hala recevesto una borsa con cento ducati?

Clarice. Federigo werde ich bestimmt nicht heiraten.

Pantalone. Mißfällt er Euch so?

Clarice. Ich finde ihn scheußlich.

Pantalone. Auch wenn ich Euch eine Möglichkeit nenne, wie er Euch doch gefallen könnte?

Clarice. Wie denn das, Signore?

Pantalone. Vergeßt den Signor Silvio, und Ihr werdet schon sehen, daß der Sior Federigo Euch gefällt.

Clarice. Dazu habe ich Silvio viel zu sehr in mein Herz geschlossen; und durch Eure Zustimmung habt Ihr ihn nur um so fester darin verankert.

Pantalone *(für sich)*. Einesteils tut sie mir ja leid. *(Laut.)* Man muß aus der Not eine Tugend machen.

Clarice. Mein Herz ist zu einer solchen Anstrengung nicht imstande.

Pantalone. Faßt Mut! Es muß sein ...

Smeraldina *(zu Pantalone)*. Der Signor Federigo ist da, um Ihnen seine Aufwartung zu machen.

Pantalone. Bitte, er soll nur kommen.

Clarice *(weinend)*. Oh! Wie schrecklich!

Smeraldina. Was ist denn mit Ihnen, meine verehrte Signora? Sie weinen? Da tun Sie aber gar nicht recht daran. Haben Sie nicht gesehen, wie hübsch der Signor Federigo aussieht? Hätte ich ein solches Glück, würde ich bestimmt nicht weinen; lachen würde ich, und aus vollstem Herzen! *(Ab.)*

Pantalone. Na, Tochter, laß dich nicht mit Tränen sehen.

Clarice. Wenn es mir doch das Herz zerreißt!

NEUNZEHNTE SZENE

Beatrice in Männerkleidung und die Vorigen.

Beatrice. Meine Hochachtung, Signor Pantalone.

Pantalone. Ehrerbietung. Haben Sie den Beutel mit den hundert Dukaten bekommen?

Beatrice. Io no.

Pantalone. Ghe l'ho dada za un poco al so servitor. La m'ha dito che el xe un omo fidà.

Beatrice. Sì, non vi è pericolo. Non l'ho veduto; me li darà, quando torno a casa. *(Piano a Pantalone.)* Che ha la signora Clarice che piange?

Pantalone *(piano a Beatrice)*. Caro sior Federigo, bisogna compatirla. La nova della so morte xe stada causa de sto mal. Col tempo spero che la se scambierà.

Beatrice *(come sopra)*. Fate una cosa, signor Pantalone, lasciatemi un momento in libertà con lei, per vedere se mi riuscisse d'aver una buona parola.

Pantalone. Sior sì; vago e vegno. *(Da sè.)* Voggio provarle tutte. *(Forte.)* Fia mia, aspetteme, che adesso torno. Tien un poco de compagnia al to novizzo. *(Piano a Clarice e parte.)* Via, abbi giudizio.

SCENA XX

Beatrice e Clarice.

Beatrice. Deh, signora Clarice . . .

Clarice. Scostatevi e non ardite d'importunarmi.

Beatrice. Così severa con chi vi è destinato in consorte?

Clarice. Se sarò strascinata per forza alle vostre nozze, avrete da me la mano, ma non il cuore.

Beatrice. Voi siete sdegnata meco, eppure io spero placarvi.

Clarice. V'aborrirò in eterno.

Beatrice. Nein.

Pantalone. Ich hab ihn vor kurzem Ihrem Diener gegeben. Sie haben mir doch gesagt, daß man sich auf ihn verlassen kann.

Beatrice. Ja. Da besteht keine Gefahr. Ich habe ihn noch nicht gesehen; aber er wird mir das Geld schon geben, wenn ich zurückkomme. *(Leise zu Pantalone.)* Was ist denn mit der Signora Clarice? Warum weint sie?

Pantalone *(leise zu Beatrice).* Lieber Sior Federigo, das muß man schon verzeihen. Die Kunde von Ihrem Tod hat sie trübsinnig gemacht. Ich denk schon, daß sie sich mit der Zeit ändern wird.

Beatrice *(wie oben).* Laßt mich einen Augenblick mit ihr allein, Signor Pantalone; vielleicht gelingt es mir, die passenden Worte zu finden.

Pantalone. Jawohl, Sior. Ich bin gleich wieder da. *(Für sich.)* Ich will alles versuchen. *(Laut.)* Meine Tochter, wartet auf mich; ich komm gleich wieder. Leistet Euerm Bräutigam ein bißchen Gesellschaft. *(Leise zu Clarice.)* Nimm doch Vernunft an! *(Ab.)*

ZWANZIGSTE SZENE

Beatrice und Clarice.

Beatrice. Ja, Signora Clarice...

Clarice. Tretet zurück und wagt es nicht, mich zu belästigen!

Beatrice. So streng mit dem, der Euch zum Manne bestimmt ist?

Clarice. Wenn ich mit Gewalt zu Eurer Hochzeit geschleppt werde, dann bekommt Ihr meine Hand, aber nicht mein Herz.

Beatrice. Ihr seid auf mich böse; und doch hoffe ich, Euch zu besänftigen.

Clarice. Ich werde Euch in alle Ewigkeit verabscheuen.

Beatrice. Se mi conosceste, voi non direste così.

Clarice. Vi conosco abbastanza per lo sturbatore della mia pace.

Beatrice. Ma io ho il modo di consolarvi.

Clarice. V'ingannate; altri che Silvio consolare non mi potrebbe.

Beatrice. Certo che non posso darvi quella consolazione, che dar vi potrebbe il vostro Silvio, ma posso contribuire alla vostra felicità.

Clarice. Mi par assai, signore, che parlandovi io in una maniera la più aspra del mondo, vogliate ancor tormentarmi.

Beatrice *(da sè)*. Questa povera giovane mi fa pietà; non ho cuore di vederla penare.

Clarice *(da sè)*. La passione mi fa diventare ardita, temeraria, incivile.

Beatrice. Signora Clarice, vi ho da confidare un segreto.

Clarice. Non vi prometto la segretezza. Tralasciate di confidarmelo.

Beatrice. La vostra austerità mi toglie il modo di potervi render felice.

Clarice. Voi non mi potete rendere che sventurata.

Beatrice. V'ingannate; e per convincervi vi parlerò schiettamente. Se voi non volete me, io non saprei che fare di voi. Se avete ad altri impegnata la destra, anch'io con altri ho impegnato il cuore.

Clarice. Ora cominciate a piacermi.

Beatrice. Non vel dissi che aveva io il modo di consolarvi?

Clarice. Ah, temo che mi deludiate.

Beatrice. No, signora, non fingo. Parlovi col cuore sulle labbra; e se mi promettete quella segretezza che mi

Beatrice. Würdet Ihr mich kennen, dann würdet Ihr nicht so mit mir reden.

Clarice. Ich kenne Euch zur Genüge: Ihr habt mir meinen Frieden genommen.

Beatrice. Und doch weiß ich ein Mittel, um Euch zu trösten.

Clarice. Ihr täuscht Euch; außer Silvio kann mich niemand trösten.

Beatrice. Natürlich bin ich nicht in der Lage, Euch jenen Trost zu geben, den Euch Euer Silvio geben könnte; aber ich kann zu Eurem Glück beisteuern.

Clarice. Ich finde es allerhand, Signore, daß Ihr mich auch noch quälen wollt, obwohl ich in der abweisendsten Art zu Euch spreche.

Beatrice *(für sich)*. Das arme Mädchen tut mir leid; ich kann nicht mit ansehen, wie sie leidet.

Clarice *(für sich)*. Die Leidenschaft macht mich tapfer, wagemutig und unhöflich.

Beatrice. Signora Clarice, ich will Euch ein Geheimnis anvertrauen.

Clarice. Ich verspreche Euch nicht, es geheimzuhalten. Vertraut mir lieber nichts an.

Beatrice. Eure Schroffheit nimmt mir jede Möglichkeit, Euch glücklich zu machen.

Clarice. Ihr könnt mich nur unglücklich machen.

Beatrice. Da irrt Ihr Euch. Und zum Beweise dessen will ich jetzt offen mit Euch reden. Wenn Ihr mich nicht haben wollt, so weiß ich auch nicht, was ich mit Euch anfangen soll. Wenn Ihr einem andern Eure Hand zum Verspruch gegeben habt, so habe auch ich einem andern mein Herz gegeben.

Clarice. Jetzt gefallt Ihr mir schon besser.

Beatrice. Habe ich nicht gesagt, daß ich in der Lage sei, Euch zu trösten?

Clarice. Oh, ich fürchte, Ihr hintergeht mich!

Beatrice. Nein, Signora, ich hintergehe Euch nicht. Ich spreche in aller Freimütigkeit zu Euch. Und wenn Ihr

negaste poc'anzi, vi confiderò un arcano, che metterà in sicuro la vostra pace.

Clarice. Giuro di osservare il più rigoroso silenzio.

Beatrice. Io non sono Federigo Rasponi, ma Beatrice di lui sorella.

Clarice. Oh! che mi dite mai! voi donna?

Beatrice. Sì, tale io sono. Pensate, se aspiravo di cuore alle vostre nozze.

Clarice. E di vostro fratello che nuova ci date?

Beatrice. Egli morì pur troppo d'un colpo di spada. Fu creduto autore della di lui morte un amante mio, di cui sotto di queste spoglie mi porto in traccia. Pregovi per tutte le sacre leggi d'amicizia e d'amore di non tradirmi. So che incauta sono io stata confidandovi un tale arcano, ma l'ho fatto per più motivi; primieramente, perchè mi doleva vedervi afflitta; in secondo luogo, perchè mi pare conoscere in voi che siate una ragazza da potersi compromettere di segretezza; per ultimo, perchè il vostro Silvio mi ha minacciato e non vorrei che, sollecitato da voi, mi ponesse in qualche cimento.

Clarice. A Silvio mi permettete voi ch'io lo dica?

Beatrice. No, anzi ve lo proibisco assolutamente.

Clarice. Bene, non parlerò.

Beatrice. Badate che mi fido di voi.

Clarice. Ve lo giuro di nuovo, non parlerò.

Beatrice. Ora non mi guarderete più di mal occhio.

Clarice. Anzi vi sarò amica; e, se posso giovarvi, disponete di me.

Beatrice. Anch'io vi giuro eterna la mia amicizia. Datemi la vostra mano.

Clarice. Eh, non vorrei...

mir jene Geheimhaltung zusichert, die Ihr mir eben verweigert habt, so vertraue ich Euch ein Geheimnis an, das Euern Frieden endgültig gewährleistet.

Clarice. Ich schwöre, das strengste Schweigen zu bewahren.

Beatrice. Ich bin nicht Federigo Rasponi, sondern Beatrice, seine Schwester.

Clarice. Ach! Was sagt Ihr mir da? Ihr seid eine Frau?

Beatrice. Ja, das bin ich. Ihr könnt Euch denken, wie sehr mir danach war, mit Euch Hochzeit zu feiern!

Clarice. Und was berichtet Ihr mir von Euerm Bruder?

Beatrice. Er starb leider durch einen Degenstoß. Seinen Tod schrieb man meinem Geliebten zu, den ich nun in dieser Verkleidung suche. Ich bitte Euch bei allen heiligen Gesetzen der Freundschaft und Liebe, verratet mich nicht! Ich weiß, wie unvorsichtig ich gewesen bin, Euch ein derartiges Geheimnis zu entdecken, aber das hat verschiedene Gründe. Zunächst schmerzte es mich, Euch so traurig zu sehen, und dann schien es mir auch, daß Ihr ein Mädchen wäret, das ein Geheimnis wohl zu hüten vermag. Außerdem hat mich Euer Silvio bedroht; ich wollte doch nicht, daß Ihr ihn darin bestärkt und er mich gar noch herausfordert.

Clarice. Erlaubt Ihr mir, daß ich es Silvio sage?

Beatrice. Nein, ich verbiete es Euch sogar strengstens.

Clarice. Gut, dann werde ich nicht sprechen.

Beatrice. Ich kann mich also auf Euch verlassen?

Clarice. Ich schwöre Euch nochmals, daß ich nicht sprechen werde.

Beatrice. Und ich denke, Ihr seid jetzt nicht mehr böse auf mich.

Clarice. Im Gegenteil, ich will Eure Freundin sein; und wenn Ihr etwas braucht, so verfügt nur über mich.

Beatrice. Auch ich schwöre Euch ewige Freundschaft. Reicht mir Eure Hand.

Clarice. Ach, ich möchte doch nicht...

Beatrice. Avete paura ch'io non sia donna? Vi darò evidenti prove della verità.

Clarice. Credetemi, ancora mi pare un sogno.

Beatrice. Infatti la cosa non è ordinaria.

Clarice. È stravagantissima.

Beatrice. Orsù, io me ne voglio andare. Tocchiamoci la mano in segno di buona amicizia e di fedeltà.

Clarice. Ecco la mano, non ho nessun dubbio che m'inganniate.

SCENA XXI

Pantalone e dette.

Pantalone *(a Clarice)*. Bravi! Me ne rallegro infinitamente. Fia mia, ti t'ha giustà molto presto.

Beatrice. Non vel dissi, signor Pantalone, ch'io l'avrei placata?

Pantalone. Bravo! Avè fatto più vu in quattro minuti, che no averave fatto mi in quattr'anni.

Clarice *(da sè)*. Ora sono in un laberinto maggiore.

Pantalone *(a Clarice)*. Donca stabiliremo presto sto matrimonio.

Clarice. Non abbiate tanta fretta, signore.

Pantalone. Come! Se se tocca le manine in scondon e non ho d'aver pressa? No, no, no voggio che me succeda desgrazie. Doman se farà tutto.

Beatrice. Sarà necessario, signor Pantalone, che prima accomodiamo le nostre partite, che vediamo il nostro conteggio.

Pantalone. Faremo tutto. Queste le xe cosse che le se fa in do ore. Doman daremo l'anello.

Beatrice. Ihr fürchtet, ich könnte keine Frau sein? Ich werde Euch für die Wahrheit meiner Worte augenscheinliche Beweise erbringen.

Clarice. Glaubt mir, es kommt mir noch alles wie ein Traum vor.

Beatrice. Natürlich, so etwas ist ja nicht alltäglich.

Clarice. Es ist wirklich sehr ungewöhnlich.

Beatrice. Nun, ich will jetzt gehen. Reichen wir uns die Hand zum Zeichen guter Freundschaft und Treue.

Clarice. Hier ist meine Hand; ich habe keinen Zweifel an Eurer Aufrichtigkeit.

EINUNDZWANZIGSTE SZENE

Pantalone und die Vorigen.

Pantalone *(zu Clarice).* Bravo! Das freut mich aber wirklich. Meine Tochter, du hast sehr rasch Vernunft angenommen.

Beatrice. Habe ich Euch nicht gesagt, Signor Pantalone, daß ich sie beruhigen würde?

Pantalone. Bravo! Da habt Ihr in vier Minuten mehr erreicht, als ich in vier Jahren hätte erreichen können.

Clarice *(für sich).* Jetzt bin ich in noch größerer Bedrängnis.

Pantalone *(zu Clarice).* Also, dann wollen wir diesen Hochzeitstermin recht bald ansetzen.

Clarice. Nicht so eilig, Signore!

Pantalone. Wie! Wenn man sich heimlich die Händchen drückt, dann soll ich's nicht eilig haben? Nein, nein, ich will da nicht noch Unannehmlichkeiten bekommen. Morgen wird alles erledigt.

Beatrice. Es wird aber nötig sein, Signor Pantalone, daß wir zuerst unsere Geschäfte bereinigen und die Abrechnung vornehmen.

Pantalone. Schon gut. So was erledigt man in zwei Stunden. Morgen werden die Ringe gewechselt.

Clarice. Deh, signor padre ...

Pantalone. Siora fia, vago in sto ponto a dir le parole a sior Silvio.

Clarice. Non lo irritate per amor del cielo.

Pantalone. Coss'è? Ghe ne vustu do?

Clarice. Non dico questo. Ma ...

Pantalone. Ma e mo, la xe finia. Schiavo, siori. *(Vuol partire.)*

Beatrice *(a Pantalone)*. Udite ...

Pantalone *(partendo)*. Sè mario e muggier.

Clarice *(a Pantalone)*. Piuttosto ...

Pantalone. Stassera la descorreremo. *(Parte.)*

SCENA XXII

Beatrice e Clarice.

Clarice. Ah, signora Beatrice, esco da un affanno per entrare in un altro.

Beatrice. Abbiate pazienza. Tutto può succedere, fuor ch'io vi sposi.

Clarice. E se Silvio mi crede infedele?

Beatrice. Durerà per poco l'inganno.

Clarice. Se gli potessi svelare la verità ...

Beatrice. Io non vi disimpegno dal giuramento.

Clarice. Che devo fare dunque?

Beatrice. Soffrire un poco.

Clarice. Dubito che sia troppo penosa una tal sofferenza.

Beatrice. Non dubitate, che dopo i timori, dopo gli affanni, riescono più graditi gli amorosi contenti. *(Parte.)*

Clarice. Non posso lusingarmi di provar i contenti, finchè mi vedo circondata da pene. Ah, pur troppo egli è vero: in questa vita per lo più o si pena, o si spera, e poche volte si gode. *(Parte.)*

Clarice. Aber, Herr Vater ...

Pantalone. Meine Tochter, ich geh jetzt augenblicklich zum Sior Silvio und sag ihm ein paar Worte.

Clarice. Um Gottes willen, erzürnt ihn nicht!

Pantalone. Was denn? Willst du vielleicht zwei?

Clarice. Das sage ich ja nicht. Aber ...

Pantalone. Aber und ach: Schluß damit! Empfehle mich, meine Herrschaften. *(Will gehen.)*

Beatrice *(zu Pantalone)*. Hört ...

Pantalone *(im Fortgehen)*. Ihr seid Mann und Frau.

Clarice *(zu Pantalone)*. Immerhin ...

Pantalone. Heut abend können wir darüber reden. *(Ab.)*

ZWEIUNDZWANZIGSTE SZENE

Beatrice und Clarice.

Clarice. Ach, Signora Beatrice, nun bin ich von einer Not in die andere gekommen.

Beatrice. Macht Euch keine Sorgen. Und wenn alles möglich ist, so ist es doch unmöglich, daß ich Euch heirate.

Clarice. Und wenn mich jetzt Silvio für untreu hält?

Beatrice. Der Irrtum wird nicht lange dauern.

Clarice. Könnte ich ihm die Wahrheit entdecken ...

Beatrice. Ich entbinde Euch nicht von Euerm Schwur.

Clarice. Was soll ich denn machen?

Beatrice. Ein wenig leiden.

Clarice. Ich fürchte, dies Leiden wird allzu schrecklich sein.

Beatrice. Glaubt mir, nach allen Ängsten und Nöten ist das Glück der Liebe nur um so schöner. *(Ab.)*

Clarice. Ich kann mir kein Glück vorstellen, solange ich nichts als Nöte um mich sehe. Ach, es stimmt schon: In diesem Leben ist einem fast nur Leid und Hoffnung beschieden, aber kaum Erfüllung. *(Ab.)*

ATTO SECONDO

SCENA PRIMA

Cortile in casa di Pantalone.

Silvio e il Dottore.

Silvio. Signor padre, vi prego lasciarmi stare.

Dottore. Fermati; rispondimi un poco.

Silvio. Sono fuori di me.

Dottore. Per qual motivo sei tu venuto nel cortile del signor Pantalone?

Silvio. Perchè voglio, o che egli mi mantenga quella parola che mi ha dato, o che mi renda conto del gravissimo affronto.

Dottore. Ma questa è una cosa che non conviene farla nella propria casa di Pantalone. Tu sei un pazzo a lasciarti trasportar dalla collera.

Silvio. Chi tratta male con noi, non merita alcun rispetto.

Dottore. E vero, ma non per questo si ha da precipitare. Lascia fare a me, Silvio mio, lascia un po' ch'io gli parli; può essere ch'io lo illumini e gli faccia conoscere il suo dovere. Ritirati in qualche loco e aspettami; esci di questo cortile, non facciamo scene. Aspetterò io il signor Pantalone.

Silvio. Ma io, signor padre ...

Dottore. Ma io, signor figliuolo, voglio poi esser obbedito.

Silvio. Sì, v'obbedirò. Me n'anderò. Parlategli. Vi aspetto dallo speziale. Ma se il signor Pantalone persiste, avrà che fare con me. *(Parte.)*

ZWEITER AKT

ERSTE SZENE

Hof in Pantalones Haus.

Silvio und der Dottore.

Silvio. Herr Vater, ich bitte Euch, haltet mich nicht auf.

Dottore. Bleib und beantworte meine Fragen.

Silvio. Ich bin außer mir.

Dottore. Aus welchem Grunde bist du in den Hof des Signor Pantalone gekommen?

Silvio. Weil ich will, daß er entweder sein Versprechen einlöst oder mir für diese schwere Beleidigung Genugtuung verschafft.

Dottore. Aber so etwas schickt sich nicht in Pantalones eigenem Hause. Du bist wahnsinnig, dich von deiner Wut so weit hinreißen zu lassen.

Silvio. Wer uns beleidigt, verdient keine Rücksichten.

Dottore. Das stimmt schon, aber darum darf man noch keine überstürzten Handlungen begehen. Laß mich nur machen, lieber Silvio, laß mich nur mit ihm reden; vielleicht gelingt es mir, ihn aufzuklären und ihm seine Pflicht vor Augen zu führen. Gehe du irgendwohin und erwarte mich dort; verlasse den Hof, wir wollen hier keine Auftritte. Ich werde auf den Signor Pantalone warten.

Silvio. Aber ich, Herr Vater ...

Dottore. Aber ich, Herr Sohn, wünsche schließlich, daß man mir gehorcht.

Silvio. Ja, ich gehorche Euch. Ich gehe. Sprecht mit ihm. Ich erwarte Euch beim Apotheker. Aber wenn der Signor Pantalone auf seinem Vorsatz beharrt, dann soll er mich kennenlernen! *(Ab.)*

SCENA II

Il Dottore, poi Pantalone.

Dottore. Povero figliuolo, lo compatisco. Non doveva mai il signor Pantalone lusingarlo a tal segno, prima di essere certo della morte del Torinese. Vorrei pure vederlo quieto, e non vorrei che la collera me lo facesse precipitare.

Pantalone *(da sè)*. Cossa fa el Dottor in casa mia?

Dottore. Oh, signor Pantalone, vi riverisco.

Pantalone. Schiavo, sior Dottor. Giusto adesso vegniva a cercar de vu e de vostro fio.

Dottore. Sì? Bravo; m'immagino che dovevate venir in traccia di noi, per assicurarci che la signora Clarice sarà moglie di Silvio.

Pantalone *(mostrando difficoltà di parlare)*. Anzi vegniva per dirve ...

Dottore. No, non c'è bisogno di altre giustificazioni. Compatisco il caso, in cui vi siete trovato. Tutto vi si passa in grazia della buona amicizia.

Pantalone *(titubando, come sopra)*. Seguro, che considerando la promessa fatta a sior Federigo ...

Dottore. E colto all'improvviso da lui, non avete avuto tempo a riflettere; e non avete pensato all'affronto che si faceva alla nostra casa.

Pantalone. No se pol dir affronto, quando con un altro contratto ...

Dottore. So che cosa volete dire. Pareva a prima vista che la promessa col Torinese fosse indissolubile, perchè stipulata per via di contratto. Ma quello era un contratto seguito fra voi e lui; e il nostro è confermato dalla fanciulla.

ZWEITE SZENE

Der Dottore, dann Pantalone.

Dottore. Armer Junge, er tut mir leid. Der Signor Pantalone hätte ihm niemals so große Hoffnungen machen dürfen, ohne über den Tod des Turiners völlige Sicherheit zu haben. Ich will ja auch sein Bestes, aber ich möchte nicht, daß er sich vom Ärger hinreißen läßt.

Pantalone *(für sich)*. Was will denn der Dottore bei mir?

Dottore. Ach, Signor Pantalone, meine Hochachtung.

Pantalone. Verehrung, Sior Dottore. Eben wollte ich zu Euch und zu Euerm Sohn.

Dottore. So? Ausgezeichnet. Ich kann mir denken, daß Ihr uns aufsuchen wolltet, um uns die Versicherung zu geben, daß die Signora Clarice Silvios Gemahlin sein wird.

Pantalone *(dem das Sprechen offensichtlich schwerfällt)*. Eigentlich wollte ich Euch sagen ...

Dottore. Nein, dazu sind keine weiteren Entschuldigungen nötig. Ich bedaure die mißliche Lage, in der Ihr Euch befunden habt. Aber das soll unserer guten Freundschaft keinen Abbruch tun.

Pantalone *(zögernd, wie oben)*. Gewiß, in Anbetracht des Versprechens, das Sior Federigo gegeben wurde ...

Dottore. Und da er so unvermutet vor Euch getreten ist, habt Ihr keine Zeit zur Besinnung gehabt; und Ihr habt nicht bedacht, welche Schmach damit unserer Familie angetan wird.

Pantalone. Man kann nicht von Schmach reden, wenn man durch eine anderweitige Verpflichtung ...

Dottore. Ich weiß schon, was Ihr meint. Es hatte zunächst den Anschein, als wäre die mit dem Turiner eingegangene Verpflichtung unlösbar, weil sie in vertraglicher Form erfolgt war. Aber dieser Vertrag wurde zwischen Euch und ihm geschlossen, während der unsere durch das Mädchen selbst bestätigt wurde.

Pantalone. Xe vero; ma ...

Dottore. E sapete bene che in materia di matrimoni: Consensus et non concubitus facit virum.

Pantalone. Mi no so de latin; ma ve digo ...

Dottore. E le ragazze non bisogna sacrificarle.

Pantalone. Aveu altro da dir?

Dottore. Per me ho detto.

Pantalone. Aveu fenio.

Dottore. Ho finito.

Pantalone. Possio parlar?

Dottore. Parlate.

Pantalone. Sior Dottor caro, con tutta la vostra dottrina ...

Dottore. Circa alla dote ci aggiusteremo. Poco più, poco meno, non guarderò.

Pantalone. Semo da capo. Voleu lassarme parlar?

Dottore. Parlate.

Pantalone. Ve digo che la vostra dottrina xe bella e bona; ma in sto caso no la conclude.

Dottore. E voi comporterete che segua un tal matrimonio?

Pantalone. Per mi giera impegnà, che no me podeva cavar. Mia fia xe contenta; che difficoltà possio aver? Vegniva a posta a cercar de vu o de sior Silvio, per dirve sta cossa. La me despiase assae, ma non ghe vedo remedio.

Dottore. Non mi maraviglio della vostra figliuola; mi maraviglio di voi, che trattiate sì malamente con me. Se non eravate sicuro della morte del signor Federigo, non avevate a impegnarvi col mio figliuolo; e se con lui vi

Pantalone. Das ist richtig; aber ...

Dottore. Und Ihr wißt ja, was für die Heirat gilt: Consensus et non concubitus facit virum*.

Pantalone. Ich versteh kein Latein; aber ich sag Euch ...

Dottore. Und man darf kein Mädchen aufopfern.

Pantalone. Habt Ihr sonst noch was zu sagen?

Dottore. Ich habe alles gesagt.

Pantalone. Ihr seid also fertig.

Dottore. Ich bin fertig.

Pantalone. Kann ich nun sprechen?

Dottore. Sprecht.

Pantalone. Mein lieber Sior Dottore, mit Eurer ganzen Gelehrsamkeit ...

Dottore. Über die Mitgift werden wir uns schon einigen. Auf ein bißchen mehr oder weniger soll es mir nicht ankommen.

Pantalone. Jetzt sind wir genauso weit wie vorhin. Wollt Ihr mich sprechen lassen?

Dottore. Sprecht.

Pantalone. Ich will sagen, daß Eure Gelehrsamkeit gut und schön ist; aber in diesem Fall führt sie zu nichts.

Dottore. Demnach laßt Ihr es zu, daß eine solche Heirat zustande kommt?

Pantalone. Ich hab meine Verpflichtung, und der kann ich mich nicht entziehen. Meine Tochter ist einverstanden, wo soll ich da noch Schwierigkeiten sehen? Um Euch oder dem Sior Silvio das zu sagen, bin ich jetzt eigens aus dem Haus gegangen. Ich bedaure sehr, aber eine andere Möglichkeit gibt es nicht.

Dottore. Ich wundere mich nicht über Eure Tochter, aber ich wundere mich über Euch, daß Ihr so übel mit mir umgeht. Ohne ausreichende Gewähr über den Tod des Signor Federigo hättet Ihr Euch mit meinem Sohn nicht festlegen dürfen; und seid Ihr diese Verpflichtung

* (lat.) Die Zustimmung und nicht der Beischlaf macht den Mann. (Anmerkung des Übersetzers.)

siete impegnato, avete a mantener la parola a costo di tutto. La nuova della morte di Federigo giustificava bastantemente, anche presso di lui, la vostra nuova risoluzione, nè poteva egli rimproverarvi, nè aveva luogo a pretendere veruna soddisfazione. Gli sponsali contratti questa mattina fra la signora Clarice ed il mio figliuolo coram testibus, non potevano essere sciolti da una semplice parola data da voi ad un altro. Mi darebbe l'animo colle ragioni di mio figliuolo render nullo ogni nuovo contratto, e obbligar vostra figlia a prenderlo per marito; ma mi vergognerei d'avere in casa mia una nuora di così poca riputazione, una figlia di un uomo senza parola, come voi siete. Signor Pantalone, ricordatevi che l'avete fatta a me; che l'avete fatta alla casa Lombardi; verrà il tempo che forse me la dovrete pagare: sì, verrà il tempo: omnia tempus habent. *(Parte.)*

SCENA III

Pantalone, poi Silvio.

Pantalone. Andè, che ve mando. No me n'importa un figo, e no gh'ho paura de vu. Stimo più la casa Rasponi de cento case Lombardi. Un fio unico e ricco de sta qualità, se stenta a trovarlo. L'ha da esser cussì.

Silvio *(da sè)*. Ha bel dire mio padre. Chi si può tenere, si tenga.

Pantalone *(da sè, vedendo Silvio)*. Adesso, alla segonda de cambio.

Silvio *(bruscamente)*. Schiavo suo, signore.

einmal eingegangen, so habt Ihr auch Euer Wort unter allen Umständen zu halten. Die Kunde vom Tode Federigos rechtfertigte Euern neuen Entschluß auch ihm gegenüber in hinreichendem Maße; er hätte Euch keinen Vorwurf machen können und auch keine Ursache gehabt, irgendeine Genugtuung zu fordern. Die heute morgen coram testibus* zwischen der Signora Clarice und meinem Sohn geschlossene Verlobung konnte nicht durch ein einfaches Versprechen wieder gelöst werden, das Ihr einem andern gegeben hattet. Ich wäre sehr versucht, im Sinne meines Sohnes jedweden neuen Vertrag für null und nichtig erklären zu lassen und Eure Tochter zu zwingen, Silvio zu heiraten; doch ich würde mich schämen, eine Schwiegertochter mit so wenig Ehre in mein Haus zu bekommen, die Tochter eines so wortbrüchigen Mannes, wie Ihr einer seid. Signor Pantalone, vergeßt nicht, daß Ihr das mir, daß Ihr das dem Hause Lombardi angetan habt! Die Zeit wird vielleicht noch kommen, wo Ihr es mir büßen müßt; ja, sie kommt ganz bestimmt: Omnia tempus habent.** *(Ab.)*

DRITTE SZENE

Pantalone, dann Silvio.

Pantalone. Geht nur, meinen Segen habt Ihr! Als ob mir das was ausmacht! Und Angst hab ich schon gar keine vor Euch. Das Haus Rasponi ist mir mehr wert als hundert Häuser Lombardi. So einen einzigen und reichen Sohn findet man nicht noch einmal. Die Sache steht fest!

Silvio *(für sich)*. Mein Vater hat gut reden. Beherrsche sich doch, wer kann!

Pantalone *(für sich, Silvio sehend)*. Jetzt kommt der zweite Strauß.

Silvio *(schroff)*. Hochachtung, Signore.

* (lat.) vor Zeugen (Anmerkung des Übersetzers).
** (lat.) Alles zu seiner Zeit (Anmerkung des Übersetzers).

Pantalone. Patron reverito. *(Da sè.)* La ghe fuma.
Silvio. Ho inteso da mio padre un certo non so che; crediamo poi che sia la verità?
Pantalone. Co ghe l'ha dito so sior padre, sarà vero.
Silvio. Sono dunque stabiliti gli sponsali della signora Clarice col signor Federigo?
Pantalone. Sior sì, stabilidi e conclusi.
Silvio. Mi maraviglio che me lo diciate con tanta temerità. Uomo senza parola, senza riputazione.
Pantalone. Come parlela, patron? Co un omo vecchio della mia sorte la tratta cussì?
Silvio. Non so chi mi tenga, che non vi passi da parte a parte.
Pantalone. No son miga una rana, patron. In casa mia se vien a far ste bulae?
Silvio. Venite fuori di questa casa.
Pantalone. Me maraveggio de ela, sior.
Silvio. Fuori, se siete un uomo d'onore.
Pantalone. Ai omeni della mia sorte se ghe porta respetto.
Silvio. Siete un vile, un codardo, un plebeo.
Pantalone. Sè un tocco de temerario.
Silvio. Eh, giuro al cielo ... *(Mette mano alla spada.)*
Pantalone. Agiuto. *(Mette mano al pistolese.)*

SCENA IV

Beatrice colla spada alla mano, e detti.

Beatrice *(a Pantalone, e rivolta la spada contro Silvio).* Eccomi; sono io in vostra difesa.
Pantalone *(a Beatrice).* Sior zenero, me raccomando.

Pantalone. Ehrerbietung. *(Für sich.)* Der platzt gleich.

Silvio. Ich habe da gewisse Dinge von meinem Vater vernommen; sollte man gar annehmen, daß sie der Wahrheit entsprechen?

Pantalone. Wenn sie Euer Vater gesagt hat, werden sie schon stimmen.

Silvio. Also ist die Hochzeit der Signora Clarice mit dem Signor Federigo beschlossene Sache?

Pantalone. Jawohl, Sior, beschlossen und besiegelt.

Silvio. Ich wundere mich, daß Ihr mir dies mit solcher Verwegenheit sagt, Ihr wortbrüchiger, ehrloser Mensch!

Pantalone. Wie redet Ihr denn, Herr? Spricht man so mit einem alten Mann meiner Art?

Silvio. Ich weiß nicht, was mich davon zurückhält, Euch mit dem Degen aufzuspießen!

Pantalone. Ich bin doch kein Frosch, den man aufspießt, Herr! In meinem Haus so ein Gezeter?

Silvio. Kommt mit vors Haus!

Pantalone. Ich muß mich über Euch wundern, Sior.

Silvio. Raus, wenn Ihr ein Mann von Ehre seid!

Pantalone. Männern meiner Art bringt man Respekt entgegen!

Silvio. Ihr seid ein Feigling, ein Hasenfuß, ein gemeiner Mensch!

Pantalone. Und Ihr ein unverschämter Kerl!

Silvio. Ha! Beim Himmel ... *(Legt die Hand an den Degen.)*

Pantalone. Hilfe! *(Legt die Hand an den Kurzsäbel.)*

VIERTE SZENE

Beatrice, mit dem Degen in der Hand, und die Vorigen.

Beatrice *(zu Pantalone, den Degen gegen Silvio gerichtet).* Hier bin ich, bereit zu Eurer Verteidigung.

Pantalone *(zu Beatrice).* Herr Schwiegersohn, ich bitte Euch ...

Silvio *(a Beatrice).* Con te per l'appunto desideravo di battermi.

Beatrice *(da sè).* Son nell'impegno.

Silvio *(a Beatrice).* Rivolgi a me quella spada.

Pantalone *(timoroso).* Ah, sior zenero ...

Beatrice *(presenta la spada a Silvio).* Non è la prima volta che io mi sia cimentato. Son qui, non ho timore di voi.

Pantalone. Aiuto. No gh'è nissun? *(Parte correndo verso la strada. Beatrice e Silvio si battono. Silvio cade e lascia la spada in terra, e Beatrice gli presenta la punta al petto.)*

SCENA V

Clarice e detti.

Clarice *(a Beatrice).* Oimè! Fermate.

Beatrice. Bella Clarice, in grazia vostra dono a Silvio la vita, e voi, in ricompensa della mia pietà, ricordatevi del giuramento. *(Parte.)*

SCENA VI

Silvio e Clarice.

Clarice. Siete salvo, o mio caro?

Silvio. Ah, perfida ingannatrice! Caro a Silvio? Caro ad un amante schernito, ad uno sposo tradito?

Clarice. No, Silvio, non merito i vostri rimproveri. V'amo, v'adoro, vi son fedele.

Silvio. Ah menzognera! Mi sei fedele, eh? Fedeltà chiami prometter fede ad un altro amante?

Clarice. Ciò non feci, nè farò mai. Morirò, prima d'abbandonarvi.

Silvio. Sento che vi ha impegnato con un giuramento.

Silvio *(zu Beatrice).* Gerade mit dir habe ich Lust, mich zu schlagen.

Beatrice *(für sich).* Nun muß ich.

Silvio *(zu Beatrice).* Präsentier mir den Degen!

Pantalone *(ängstlich).* Ach, Herr Schwiegersohn ...

Beatrice *(präsentiert Silvio die Klinge).* Es ist nicht das erstemal, daß ich mich schlage. Hier stehe ich, und ich fürchte Euch nicht!

Pantalone. Hilfe! Ist denn niemand da? *(Rennt auf die Straße hinaus. Beatrice und Silvio schlagen sich. Silvio stürzt, die Waffe fällt auf den Boden, und Beatrice setzt ihm die Degenspitze auf die Brust.)*

FÜNFTE SZENE

Clarice und die Vorigen.

Clarice *(zu Beatrice).* Um Gottes willen, haltet ein!

Beatrice. Schöne Clarice, Euch zuliebe schenke ich Silvio das Leben; denkt als Gegenleistung für meine Barmherzigkeit an Euern Schwur! *(Ab.)*

SECHSTE SZENE

Silvio und Clarice.

Clarice. Oh, mein Liebster, seid Ihr unversehrt?

Silvio. Treulose Heuchlerin! Zu Silvio sagt Ihr »Liebster«? Zu einem verspotteten Geliebten, zu einem verratenen Bräutigam?

Clarice. Nein, Silvio, ich verdiene Eure Vorwürfe nicht. Ich liebe Euch, ich verehre Euch und bin Euch treu.

Silvio. Lügnerin! Ihr, und mir treu? Das nennt Ihr wohl Treue, wenn Ihr Euch einem andern Geliebten versprecht?

Clarice. Ich tat es nicht und werde es nie tun. Lieber sterbe ich, als von Euch zu gehen!

Silvio. Wie ich höre, hat er Euch mit einem Schwur verpflichtet.

Clarice. Il giuramento non mi obbliga ad isposarlo.
Silvio. Che cosa dunque giuraste?
Clarice. Caro Silvio, compatitemi, non posso dirlo.
Silvio. Per qual ragione?
Clarice. Perchè giurai di tacere.
Silvio. Segno dunque che siete colpevole.
Clarice. No, sono innocente.
Silvio. Gl'innocenti non tacciono.
Clarice. Eppure questa volta rea mi farei parlando.
Silvio. Questo silenzio a chi l'avete giurato?
Clarice. A Federigo.
Silvio. E con tanto zelo l'osserverete?
Clarice. L'osserverò per non divenire spergiura.
Silvio. E dite di non amarlo? Semplice chi vi crede. Non vi credo io già, barbara, ingannatrice! Toglietevi dagli occhi miei.
Clarice. Se non vi amassi, non sarei corsa qui a precipizio per difendere la vostra vita.
Silvio. Odio anche la vita, se ho da riconoscerla da un'ingrata.
Clarice. Vi amo con tutto il cuore.
Silvio. Vi aborrisco con tutta l'anima.
Clarice. Morirò, se non vi placate.
Silvio. Vedrei il vostro sangue più volentieri della infedeltà vostra.
Clarice. Saprò soddisfarvi. *(Toglie la spada di terra.)*
Silvio. Sì quella spada potrebbe vendicare i miei torti.
Clarice. Così barbaro colla vostra Clarice?
Silvio. Voi mi avete insegnata la crudeltà.
Clarice. Dunque bramate la morte mia?
Silvio. Io non so dire che cosa brami.

Clarice. Der Schwur zwingt mich nicht, ihn zu heiraten.

Silvio. Was habt Ihr denn geschworen?

Clarice. Lieber Silvio, verzeiht mir, aber das kann ich nicht sagen.

Silvio. Aus welchem Grunde?

Clarice. Weil ich geschworen habe zu schweigen.

Silvio. Ein Zeichen, daß Ihr schuldig seid.

Clarice. Nein, ich bin unschuldig.

Silvio. Unschuldige schweigen nicht.

Clarice. Und doch würde ich mich dieses Mal durch Reden schuldig machen.

Silvio. Wem habt Ihr dieses Schweigen geschworen?

Clarice. Federigo.

Silvio. Und Ihr bewahrt es mit solcher Beflissenheit?

Clarice. Ich bewahre es, um nicht eidbrüchig zu werden.

Silvio. Und da wollt Ihr noch behaupten, daß Ihr ihn nicht liebt? Ein Simpel, wer das glaubt! Ich jedenfalls glaube Euch nicht, grausames, heuchlerisches Weib! Geht mir aus den Augen!

Clarice. Wenn ich Euch nicht liebte, dann wäre ich nicht herbeigestürzt, um mich für Euer Leben einzusetzen.

Silvio. Ich hasse selbst das Leben, wenn ich es einer Treulosen verdanke.

Clarice. Ich liebe Euch aus ganzem Herzen.

Silvio. Und ich verachte Euch aus ganzer Seele.

Clarice. Ich sterbe, wenn Ihr Euch nicht mäßigt.

Silvio. Euer Blut würde ich lieber sehen als Eure Untreue.

Clarice. Diese Genugtuung kann ich Euch verschaffen. *(Hebt den Degen vom Boden auf.)*

Silvio. Ja, dieser Degen könnte das mir angetane Unrecht gutmachen.

Clarice. So grausam seid Ihr zu Eurer Clarice?

Silvio. Ihr habt mich Grausamkeit gelehrt.

Clarice. Ihr wünscht also meinen Tod?

Silvio. Ich weiß nicht, was ich wünsche.

Clarice. Vi saprò compiacere. *(Volta la punta al proprio seno.)*

SCENA VII

Smeraldina e detti.

Smeraldina. Fermatevi, che diamine fate? *(Leva la spada a Clarice. A Silvio.)* E voi, cane rinnegato, l'avreste lasciata morire? Che cuore avete di tigre, di leone, di diavolo? Guardate lì il bel suggettino, per cui le donne s'abbiano a sbudellare. *(A Clarice.)* Oh siete pur buona, signora padrona. Non vi vuole più forse? Chi non vi vuol, non vi merita. Vada all'inferno questo sicario, e voi venite meco, che degli uomini non ne mancano; m'impegno avanti sera trovarvene una dozzina. *(Getta la spada in terra e Silvio la prende.)*

Clarice *(piangendo)*. Ingrato! Possibile che la mia morte non vi costasse un sospiro? Sì, mi ucciderà il dolore; morirò, sarete contento. Però vi sarà nota un giorno la mia innocenza, e tardi allora, pentito di non avermi creduto, piangerete la mia sventura e la vostra barbara crudeltà. *(Parte.)*

SCENA VIII

Silvio e Smeraldina.

Smeraldina. Questa è una cosa che non so capire. Veder una ragazza che si vuol ammazzare, e star lì a guardarla, come se vedeste rappresentare una scena di commedia.

Clarice. Ich kann Euch zufriedenstellen. *(Richtet die Klinge auf ihre Brust.)*

SIEBENTE SZENE

Smeraldina und die Vorigen.

Smeraldina. Halt! Was fällt Euch denn ein? *(Entreißt Clarice den Degen. Zu Silvio.)* Und Ihr, Ihr hundsgemeiner Kerl, Ihr hättet sie einfach sterben lassen? Seid Ihr denn ein wildes Tier, ein Ungeheuer, ein Teufel? Da seht Euch mal das feine Herrchen an, für das sich die Frauen ums Leben bringen sollen! *(Zu Clarice.)* Beruhigt Euch doch, meine Padrona! Will er vielleicht nichts mehr von Euch wissen? Wer nichts von Euch wissen will, der verdient Euch auch nicht. Soll er sich zum Teufel scheren, dieser Mörder! Und Ihr kommt jetzt mit. An Männern ist kein Mangel. Ehe es Abend ist, finde ich Euch ein ganzes Dutzend! *(Wirft den Degen auf die Erde, und Silvio nimmt ihn auf.)*

Clarice *(weinend)*. Undankbarer! Ist es möglich, daß Euch mein Tod keinen Seufzer wert gewesen wäre? Ja, mich wird der Schmerz umbringen. Ich werde sterben, Ihr könnt zufrieden sein. Aber eines Tages werdet Ihr Euch von meiner Unschuld überzeugen, und dann werdet Ihr zu spät bereuen, mir nicht geglaubt zu haben; und Ihr werdet mein trauriges Schicksal und Eure abgrundtiefe Grausamkeit beweinen. *(Ab.)*

ACHTE SZENE

Silvio und Smeraldina.

Smeraldina. So etwas kann ich einfach nicht begreifen. Man hat ein Mädchen vor sich, das sich umbringen will, und man steht dabei und sieht sich das an, als würde man sich einen Auftritt aus einer Komödie mit ansehen!

S i l v i o. Pazza che sei! Credi tu ch'ella si volesse uccider davvero?

S m e r a l d i n a. Non so altro io; so che se non arrivavo a tempo, la poverina sarebbe ita.

S i l v i o. Vi voleva ancor tanto prima che la spada giungesse al petto.

S m e r a l d i n a. Sentite che bugiardo! Se stava lì lì per entrare.

S i l v i o. Tutte finzioni di voi altre donne.

S m e r a l d i n a. Sì, se fossimo come voi. Dirò come dice il proverbio: noi abbiamo le voci, e voi altri avete le noci. Le donne hanno la fama di essere infedeli e gli uomini commettono le infedeltà a più non posso. Delle donne si parla e degli uomini non si dice nulla. Noi siamo criticate, e a voi altri si passa tutto. Sapete perchè? Perchè le leggi le hanno fatte gli uomini; che se le avessero fatte le donne, si sentirebbe tutto il contrario. S'io comandassi, vorrei che tutti gli uomini infedeli portassero un ramo d'albero in mano e so che tutte le città diventerebbero boschi. *(Parte.)*

SCENA IX

Silvio solo.

S i l v i o. Sì, che Clarice è infedele, e col pretesto di un giuramento affetta di voler celare la verità. Ella è una perfida, e l'atto di volersi ferire fu un'invenzione per ingannarmi, per muovermi a compassione di lei. Ma se il destino mi fece cadere a fronte del mio rivale, non lascierò mai il pensiero di vendicarmi. Morirà quell'indegno, e Clarice ingrata vedrà nel di lui sangue il frutto de' suoi amori. *(Parte.)*

Silvio. Verrücktes Ding! Du glaubst doch nicht, daß sie sich wirklich umbringen wollte?

Smeraldina. Ich weiß nur so viel, daß die Ärmste verschieden wäre, hätte ich sie nicht rechtzeitig daran gehindert.

Silvio. Da hat ja noch so viel gefehlt, bis ihr der Degen in die Brust gegangen wäre!

Smeraldina. So ein Lügner! Es war gleich um sie geschehen!

Silvio. Nichts als Verstellung von euch Frauen!

Smeraldina. Ja, wenn wir so wären, wie ihr Männer! Es heißt ja nicht umsonst: »Bei uns glaubt man's, und ihr tut's!« Den Frauen sagt man Untreue nach, und die Männer begehen eine Untreue nach der anderen! Über die Frauen redet man und über die Männer sagt man nichts. Uns macht man Vorwürfe, und bei euch drückt man beide Augen zu! Und wißt ihr auch, warum? Weil nämlich die Männer die Gesetze gemacht haben. Hätten die Frauen sie gemacht, dann bekäme man etwas ganz anderes zu hören. Und wenn ich zu bestimmen hätte, dann müßten alle untreuen Männer mit einem Zweig herumlaufen, und dann weiß ich, daß aus allen Städten Wälder würden. *(Ab.)*

NEUNTE SZENE

Silvio allein.

Silvio. Ja, Clarice ist mir untreu, und mit der Vorspiegelung eines Schwurs versucht sie, die Wahrheit zu vertuschen. Sie ist eine Heuchlerin, und die Geste, sich etwas antun zu wollen, war nur ein Mittel, mich zu täuschen, mich mitleidig zu stimmen. Aber wenn mich auch das Schicksal durch meinen Nebenbuhler zu Fall kommen ließ, so werde ich doch den Gedanken an Rache nie und nimmer aufgeben! Jener Unwürdige wird sterben, und die undankbare Clarice wird in seinem Blute die Folgen ihrer Liebe zu sehen haben! *(Ab.)*

SCENA X

Sala della locanda con due porte in prospetto e due laterali.

Truffaldino, poi Florindo.

Truffaldino. Mo gran desgrazia che l'è la mia! De do padroni nessun è vegnudo ancora a disnar. L'è do ore che è sonà mezzo zorno, e nissun se vede. I vegnirà po tutti do in una volta, e mi sarò imbroiado; tutti do no li poderò servir, e se scovrirà la faccenda. Zitto, zitto, che ghe n'è quà un. Manco mal.

Florindo. Ebbene, hai ritrovato codesto Pasquale?

Truffaldino. No avemio dito, signor, che el cercherò dopo che avremo disnà?

Florindo. Io sono impaziente.

Truffaldino. El doveva vegnir a disnar un poco più presto.

Florindo *(da sè)*. Non vi è modo ch'io possa assicurarmi se qui si trovi Beatrice.

Truffaldino. El me dis, andemo a ordinar el pranzo, e po el va fora de casa. La roba sarà andada de mal.

Florindo. Per ora non ho volontà di mangiare. *(Da sè.)* Vo' tornare alla Posta. Ci voglio andare da me; qualche cosa forse rileverò.

Truffaldino. La sappia, signor, che in sto paese bisogna magnar, e chi no magna, s'ammala.

Florindo. Devo uscire per un affar di premura. Se torno a pranzo, bene; quando no, mangerò questa sera. Tu, se vuoi, fatti dar da mangiare.

Truffaldino. Oh, non occorr'altro. Co l'è cussì, che el se comoda, che l'è patron.

ZEHNTE SZENE

Gasthauszimmer mit zwei Frontaltüren und zwei Seitentüren.

Truffaldino, dann Florindo.

Truffaldino. Hab ich doch ein Pech! Von zwei Herren ist noch nicht einer zum Essen erschienen. Vor zwei Stunden hat's Mittag geläutet, aber niemand läßt sich blicken. Jetzt werden sie noch beide auf einmal kommen, und dann bin ich der Dumme; alle beide kann ich doch nicht bedienen, und somit kommt der Schwindel auf. Still, still, einer ist da. Na, Gott sei Dank!

Florindo. Nun, hast du diesen Pasquale wiedergefunden?

Truffaldino. Haben wir nicht ausgemacht, Signore, daß ich ihn nach dem Essen suche?

Florindo. Ich bin ungeduldig.

Truffaldino. Dann hätten Sie ein bißchen früher zum Essen kommen sollen.

Florindo *(für sich)*. Es ist mir doch unmöglich, festzustellen, ob sich Beatrice hier befindet.

Truffaldino. Sie haben mir gesagt: »Bestellen wir das Essen!« und dann sind Sie einfach weggegangen. Jetzt ist bestimmt schon alles schlecht.

Florindo. Vorderhand mag ich nicht essen. *(Für sich.)* Ich will mich noch einmal bei der Post erkundigen. Diesmal gehe ich selbst; vielleicht kann ich etwas in Erfahrung bringen.

Truffaldino. Wissen Sie, Signore, hierzulande muß man essen, und wenn man nichts ißt, dann wird man krank.

Florindo. Ich muß jetzt wegen einer dringenden Angelegenheit außer Haus gehen. Vielleicht bin ich zum Essen wieder da; sonst esse ich eben heute abend. Wenn du Lust hast, kannst du dir ja etwas zu essen geben lassen.

Truffaldino. Oh, das genügt mir vollkommen. In dem Fall tun Sie nur ganz, wie Sie wollen, bitt schön.

Florindo. Questi danari mi pesano; tieni, mettili nel mio baule. Eccoti la chiave. *(Dà a Truffaldino la borsa dei cento ducati e la chiave.)*

Truffaldino. La servo e ghe porto la chiave.

Florindo. No, no, me la darai. Non mi vo' trattenere. Se non torno a pranzo, vieni alla piazza; attenderò con impazienza che tu abbia ritrovato Pasquale. *(Parte.)*

SCENA XI

Truffaldino, poi Beatrice con un foglio in mano.

Truffaldino. Manco mal, che l'ha dito che me fazza dar da magnar; cussì anderemo d'accordo. Se nol vol magnar lu, che el lassa star. La mia complession no l'è fatta per dezunar. Vôi metter via sta borsa e po subito ...

Beatrice. Ehi, Truffaldino?

Truffaldino *(da sè)*. Oh diavolo!

Beatrice. Il signor Pantalone de' Bisognosi ti ha dato una borsa con cento ducati?

Truffaldino. Sior sì, el me l'ha dada.

Beatrice. E perchè dunque non me la dai?

Truffaldino. Mo vienla a Vussioria?

Beatrice. Se viene a me? Che cosa ti ha detto, quando ti ha dato la borsa?

Truffaldino. El m'ha dit che la daga al me patron.

Beatrice. Bene, il tuo padrone chi è?

Truffaldino. Vussioria.

Beatrice. E perchè domandi dunque, se la borsa è mia?

Truffaldino. Donca la sarà soa.

Florindo. Dieses Geld ist mir zu schwer; hier, leg's in meinen Koffer. Da hast du den Schlüssel dazu. *(Übergibt Truffaldino den Beutel mit den hundert Dukaten sowie den Schlüssel.)*

Truffaldino. Ich geh schnell und bring Ihnen den Schlüssel wieder.

Florindo. Nein, nein, das hat Zeit. Ich will mich nicht damit aufhalten. Bin ich zum Essen nicht wieder da, so begib dich zum Markusplatz, wo ich dich erwarte. Du mußt schnellstens den Pasquale wiederfinden. *(Ab.)*

ELFTE SZENE

Truffaldino, dann Beatrice mit einem Papier in der Hand.

Truffaldino. Gott sei Dank hat er gesagt, daß ich was essen kann; so verstehen wir uns prächtig. Und wenn er selbst nichts essen will, dann soll er's nur bleibenlassen. Meine Körperlichkeit ist nicht zum Fasten geschaffen. Ich will den Beutel weg tun und dann gleich ...

Beatrice. He, Truffaldino!

Truffaldino *(für sich)*. Teufel noch mal!

Beatrice. Hat dir der Signor Pantalone de' Bisognosi einen Beutel mit hundert Dukaten gegeben?

Truffaldino. Jawohl, Sior, er hat ihn mir gegeben.

Beatrice. Und weshalb gibst du ihn mir nicht?

Truffaldino. Aber ist er tatsächlich für Euer Gnaden bestimmt?

Beatrice. Ob er für mich bestimmt ist? Was hat man dir gesagt, als man dir den Beutel gegeben hat?

Truffaldino. Man hat gesagt, ich soll ihn meinem Herrn geben.

Beatrice. Na, und wer ist dein Herr?

Truffaldino. Euer Gnaden.

Beatrice. Warum fragst du also, ob der Beutel mir gehört?

Truffaldino. Dann wird er halt Ihnen gehören.

Beatrice. Dov'è la borsa?
Truffaldino. Eccola qua. *(Gli dà la borsa.)*
Beatrice. Sono giusti?
Truffaldino. Mi no li ho toccadi, signor.
Beatrice *(da sè)*. Li conterò poi.
Truffaldino *(da sè)*. Aveva falà mi colla borsa; ma ho rimedià. Cossa dirà quell'altro? Se no i giera soi, nol dirà niente.

Beatrice. Vi è il padrone della locanda?
Truffaldino. El gh'è, signor sì.
Beatrice. Digli che avrò un amico a pranzo con me; che presto presto procuri di accrescer la tavola più che può.
Truffaldino. Come vorla restar servida? Quanti piatti comandela?
Beatrice. Il signor Pantalone de' Bisognosi non è uomo di gran soggezione. Digli che faccia cinque o sei piatti; qualche cosa di buono.

Truffaldino. Se remettela in mi?
Beatrice. Sì, ordina tu, fatti onore. Vado a prender l'amico, che è qui poco lontano; e quando torno, fa che sia preparato. *(In atto di partire.)*

Truffaldino. La vederà, come la sarà servida.

Beatrice. Tieni questo foglio, mettilo nel baule. Bada bene veh, che è una lettera di cambio di quattromila scudi.
Truffaldino. No la se dubita, la metterò via subito.
Beatrice. Fa che sia tutto pronto. *(Da sè.)* Povero signor Pantalone, ha avuto la gran paura. Ha bisogno di essere divertito. *(Parte.)*

Beatrice. Wo ist der Beutel?

Truffaldino. Hier. *(Übergibt den Beutel.)*

Beatrice. Stimmt das Geld?

Truffaldino. Ich hab's nicht angerührt, Signore.

Beatrice *(für sich)*. Ich zähle es nachher.

Truffaldino *(für sich)*. Das mit dem Beutel hab ich falsch gemacht, aber ich hab's auch wieder eingerenkt. Was wird jetzt der andere sagen? Wenn's nicht ihm gehört, dann sagt er gar nichts.

Beatrice. Ist der Gastwirt da?

Truffaldino. Jawohl, Signore, er ist da.

Beatrice. Richte ihm aus, daß ich mit einem Freund zu Mittag essen werde; er soll schnellstens zusehen, daß er den Tisch so gut wie möglich bestellt.

Truffaldino. Wie wünschen Sie das Essen? Wie viele Gerichte ordnen Sie an?

Beatrice. Der Signor Pantalone de' Bisognosi ist kein Mann von großen Ansprüchen. Sage dem Wirt, er soll fünf oder sechs Gerichte auftragen; jedenfalls etwas Gutes.

Truffaldino. Wollen Sie das mir überlassen?

Beatrice. Ja, bestell du nur und leg dir Ehre ein. Ich will jetzt den Freund abholen, der hier ganz in der Nähe wohnt. Sieh zu, daß alles fertig ist, wenn ich wiederkomme. *(Wendet sich zum Gehen.)*

Truffaldino. Sie sollen sehen, wie gut Sie bedient werden.

Beatrice. Nimm dieses Papier und lege es in den Koffer. Gib mir ja acht, es ist ein Wechsel auf viertausend Scudi.

Truffaldino. Keine Angst, ich schaff ihn gleich weg.

Beatrice. Sieh zu, daß alles zur rechten Zeit fertig ist. *(Für sich.)* Der arme Signor Pantalone, er hat große Angst gelitten. Man muß ihn aufheitern. *(Ab.)*

SCENA XII

Truffaldino, poi Brighella.

T r u f f a l d i n o. Qua bisogna veder de farse onor. La prima volta che sto me padron me ordena un disnar, vôi farghe veder se son de bon gusto. Metterò via sta carta, e po . . . la metterò via dopo, no vôi perder tempo. *(Verso la scena.)* Oe de là; gh'è nissun? Chiameme missier Brighella, diseghe che ghe vôi parlar. *(Da sè.)* Non consiste tanto un bel disnar in te le piatanze, ma in tel bon ordine; val più una bella disposizion, che no val una montagna de piatti.

B r i g h e l l a. Cossa gh'è, sior Truffaldin? Cossa comandeu da mi?

T r u f f a l d i n o. El me padron el gh'ha un amigo a disnar con lu; el vol che radoppiè la tavola, ma presto, subito. Aveu el bisogno in cusina?

B r i g h e l l a. Da mi gh'è sempre de tutto. In mezz'ora posso metter all'ordine qualsesia disnar.

T r u f f a l d i n o. Ben donca. Disìme cossa che ghe darè.

B r i g h e l l a. Per do persone, faremo do portade de quattro piatti l'una; anderà ben?

T r u f f a l d i n o *(da sè)*. L'ha dito cinque o sie piatti: sie o otto, no gh'è mal. *(A Brighella.)* Anderà ben. Cossa ghe sarà in sti piatti?

B r i g h e l l a. Nella prima portada ghe daremo la zuppa, la frittura, el lesso e un fracandò.

T r u f f a l d i n o. Tre piatti li cognosso; el quarto no so cossa che el sia.

B r i g h e l l a. Un piatto alla francese, un intingolo, una bona vivanda.

T r u f f a l d i n o. Benissimo, la prima portada va ben; alla segonda.

ZWÖLFTE SZENE

Truffaldino, dann Brighella.

Truffaldino. Jetzt geht's um die Ehre. Gleich beim erstenmal, daß mir der Herr hier ein Essen aufträgt, will ich ihm zeigen, was ich für einen guten Geschmack habe. Zuerst tu ich das Papier weg, und dann ... ich tu's später weg, ich will keine Zeit verlieren. *(In die Kulissen.)* He! Ist da jemand? Holt mir den Messer Brighella, sagt ihm, daß ich ihn sprechen will! *(Für sich.)* Ein gutes Essen besteht nicht nur aus den Gerichten, sondern vor allem aus der rechten Anordnung. Eine schöne Anordnung ist mehr wert als ein ganzer Berg von Gerichten.

Brighella. Was ist denn, Sior Truffaldin? Was wollt Ihr von mir?

Truffaldino. Mein Herr bringt einen Freund zum Essen mit; er will, daß Ihr den Tisch verdoppelt, und zwar rasch, sofort. Habt Ihr alles Notwendige in der Küche?

Brighella. Bei mir ist immer alles vorhanden. In einer halben Stunde kann ich jedes Essen fertigmachen.

Truffaldino. Gut. Dann sagt mir mal, was Ihr auffahren wollt.

Brighella. Für zwei Personen: machen wir zwei Gänge zu je vier Gerichten. Recht so?

Truffaldino *(für sich)*. Er hat gesagt, fünf oder sechs Gerichte; sechs oder acht ist gehopst wie gesprungen. *(Zu Brighella.)* Das wird gehen. Und was sind's für Gerichte?

Brighella. Zum ersten Gang geben wir Suppe, Fischgebratenes, Siedfleisch und Frikassee.

Truffaldino. Drei Gerichte kenn ich; unter dem vierten kann ich mir nichts vorstellen.

Brighella. Ein Gericht nach französischer Art, ähnlich wie Ragout, eine feine Speise.

Truffaldino. Wunderbar, der erste Gang ist perfekt; und jetzt der zweite.

Brighella. La segonda ghe daremo l'arrosto, l'insalata, un pezzo de carne pastizzada e un bodin.

Truffaldino. Anca qua gh'è un piatto che no cognosso; coss'è sto budellin?

Brighella. Ho dito un bodin, un piatto all'inglese, una cossa bona.

Truffaldino. Ben, son contento; ma come disporeremio le vivande in tavola?

Brighella. L'è una cossa facile. El camerier farà lu.

Truffaldino. No, amigo, me preme la scalcarìa; tutto consiste in saver metter in tola ben.

Brighella. Se metterà, per esempio, qua la soppa, qua el fritto, qua l'alesso e qua el fracandò. *(Accenna una qualche distribuzione.)*

Truffaldino. No, no me piase; e in mezzo no ghe mettè gnente?

Brighella. Bisognerave che fessimo cinque piatti.

Truffaldino. Ben, far cinque piatti.

Brighella. In mezzo ghe metteremo una salsa per el lesso.

Truffaldino. No, no savè gnente, caro amigo; la salsa no va ben in mezzo; in mezzo ghe va la minestra.

Brighella. E da una banda metteremo el lesso e da st'altra la salsa ...

Truffaldino. Oibò, no faremo gnente. Voi altri locandieri savì cusinar, ma no savì metter in tola. Ve insegnerò mi. Fe conto che questa sia la tavola. *(S'inginocchia con un ginocchio e accenna il pavimento.)* Osservè come se distribuisse sti cinque piatti; per esempio: qua in mezzo la minestra. *(Straccia un pezzo della lettera di cambio e figura di mettere per esempio un piatto nel mezzo.)* Qua da sta parte el lesso. *(Fa lo*

Brighella. Zum zweiten reichen wir Braten, Salat, ein Stück Fleischpastete und Pudding.

Truffaldino. Schon wieder ein Gericht, das ich nicht kenne. Was ist das für ein Puh-Ding?

Brighella. Pudding hab ich gesagt, etwas Englisches, eine gute Sache.

Truffaldino. Schön, ich bin's zufrieden. Und in welcher Anordnung stellen wir die Sachen auf den Tisch?

Brighella. Das ist nicht schwer. Der Kellner besorgt das schon.

Truffaldino. Nein, mein Lieber, das Arrangieren liegt mir doch sehr am Herzen. Es hängt alles davon ab, die Dinge recht hübsch auf den Tisch zu stellen.

Brighella. Wir können zum Beispiel die Suppe hierher stellen, das Fischgebratene dorthin, das Siedfleisch dorthin und das Frikassee dorthin. *(Deutet eine ungefähre Verteilung an.)*

Truffaldino. Nein, das behagt mir nicht. Und in die Mitte stellt Ihr gar nichts?

Brighella. Dazu müßten wir fünf Gerichte machen.

Truffaldino. Dann machen wir halt fünf.

Brighella. In die Mitte werden wir eine pikante Soße für das Siedfleisch stellen.

Truffaldino. Nein, mein Lieber, Ihr habt überhaupt keine Ahnung. Die Soße paßt nicht gut in die Mitte. In die Mitte kommt die Suppe.

Brighella. Auf die eine Seite tun wir das Siedfleisch und auf die andere die Soße ...

Truffaldino. Du liebe Güte, das wird nichts! Ihr Wirtsleut versteht Euch aufs Kochen, aber vom Auftun habt Ihr keinen blassen Schimmer. Ich will's Euch mal zeigen. Stellt Euch vor, das wär der Tisch. *(Kniet mit einem Knie nieder und zeigt auf den Fußboden.)* Paßt auf, wie wir jetzt die fünf Gerichte verteilen. Hier in die Mitte stellen wir zum Beispiel die Suppe hin. *(Reißt ein Stück vom Wechsel ab und legt es an Stelle des Gerichts in die Mitte des Fußbodens.)* Auf die Seite das

stesso, stracciando un altro pezzo di lettera, mettendo il pezzo da un canto.) Da st'altra parte el fritto. *(Fa lo stesso con un altro pezzo di lettera, ponendolo all'incontro dell'altro.)* Qua la salsa e qua el piatto che no cognosso. *(Con altri due pezzi della lettera compisce la figura di cinque piatti. A Brighella.)* Cossa ve par? Cussì anderala ben?

Brighella. Va ben; ma la salsa l'è troppo lontana dal lesso.

Truffaldino. Adesso vederemo come se pol far a tirarla più da visin.

SCENA XIII

Beatrice, Pantalone e detti.

Beatrice *(a Truffaldino)*. Che cosa fai ginocchioni?

Truffaldino *(s'alza)*. Stava qua disegnando la scalcarìa.

Beatrice. Che foglio è quello?

Truffaldino *(da sè)*. Oh diavolo! La lettera che el m'ha dà!

Beatrice. Quella è la mia cambiale.

Truffaldino. La compatissa. La torneremo a unir ...

Beatrice. Briccone! Così tieni conto delle cose mie? Di cose di tanta importanza? Tu meriteresti che io ti bastonassi. *(A Pantalone.)* Che dite, signor Pantalone? Si può vedere una sciocchezza maggior di questa?

Pantalone. In verità che la xe da rider. Sarave mal se no ghe fusse caso de remediarghe; ma co mi ghe ne fazzo un'altra, la xe giustada.

Beatrice *(a Truffaldino)*. Tant'era se la cambiale veniva di lontan paese. Ignorantaccio!

Siedfleisch. *(Reißt wieder ein Stück vom Wechsel ab und legt es auf die eine Seite.)* Und auf die Seite das Fischgebratene. *(Reißt noch ein Stück ab und legt es dem andern gegenüber.)* Und hierhin die Soße, und hierhin das Gericht, das ich nicht kenn. *(Reißt noch weitere zwei Stücke ab und vervollständigt so die Anordnung der fünf Gerichte. Zu Brighella.)* Was meint Ihr dazu? Ist das nicht gut so?

Brighella. Schon recht. Aber die Soße ist zu weit vom Siedfleisch weg.

Truffaldino. Jetzt werden wir mal überlegen, wie wir sie uns heranholen können.

DREIZEHNTE SZENE

Beatrice, Pantalone und die Vorigen.

Beatrice *(zu Truffaldino).* Was treibst du denn da auf den Knien?

Truffaldino *(sich erhebend).* Ich hab gerade die Anordnung entworfen.

Beatrice. Was ist das für ein Papier?

Truffaldino *(für sich).* Teufel! Das ist ja der Brief, den er mir gegeben hat!

Beatrice. Das ist mein Wechsel!

Truffaldino. Verzeihen Sie. Den setzen wir gleich wieder zusammen ...

Beatrice. Kerl! So gehst du mit meinen Sachen um? Mit so wichtigen Sachen? Verprügeln müßte ich dich! *(Zu Pantalone.)* Was meint Ihr dazu, Signor Pantalone? Kann man sich etwas Dümmeres vorstellen?

Pantalone. Eigentlich ist das zum Lachen. Es wär schlimm, wenn man's nicht wieder gutmachen könnte. Aber ich schreib einen andern aus, und damit hat sich's.

Beatrice *(zu Truffaldino).* Und wenn jetzt der Wechsel von weit her stammte? Erztrottel!

T r u f f a l d i n o. Tutto el mal l'è vegnù, perchè Brighella no sa metter i piatti in tola.

B r i g h e l l a. El trova difficoltà in tutto.

T r u f f a l d i n o. Mi son un omo che sa ...

B e a t r i c e *(a Truffaldino)*. Va via di qua.

T r u f f a l d i n o. Val più el bon ordine ...

B e a t r i c e. Va via, ti dico.

T r u f f a l d i n o. In materia de scalcherìa no ghe la cedo al primo marescalco del mondo. *(Parte.)*

B r i g h e l l a. No lo capisso quell'omo; qualche volta l'è furbo e qualche volta l'è alocco.

B e a t r i c e. Lo fa lo sciocco, il briccone. *(A Brighella.)* Ebbene, ci darete voi da pranzo?

B r i g h e l l a. Se la vol cinque piatti per portada, ghe vol un poco de tempo.

P a n t a l o n e. Coss'è ste portade? Coss'è sti cinque piatti? Alla bona, alla bona. Quattro risi, un per de piatti, e schiavo. Mi no son omo da suggizion.

B e a t r i c e *(a Brighella)*. Sentite? Regolatevi voi.

B r i g h e l l a. Benissimo; ma averia gusto, se qualcossa ghe piasesse, che la me lo disesse.

P a n t a l o n e. Se ghe fusse delle polpette per mi, che stago mal de denti, le magneria volentiera.

B e a t r i c e *(a Brighella)*. Sentite? Delle polpette.

B r i g h e l l a. La sarà servida. La se comoda in quella camera, che adessadesso ghe mando in tola.

B e a t r i c e. Dite a Truffaldino che venga a servire.

B r i g h e l l a. Ghe lo dirò, signor. *(Parte.)*

Truffaldino. Das kommt alles nur daher, weil der Brighella keine Ahnung hat, wie man einen Tisch deckt.

Brighella. Er muß auch an allem was aussetzen.

Truffaldino. Ich bin ein Mensch, der ...

Beatrice *(zu Truffaldino).* Fort! Mach, daß du fortkommst!

Truffaldino. Eine schöne Anordnung ist mehr wert als ...

Beatrice. Mach, daß du fortkommst, hab ich dir gesagt!

Truffaldino. Was das Arrangieren betrifft, so nehm ich's noch mit allen Hofmarschällen der Welt auf! *(Ab.)*

Brighella. Aus dem Menschen werd ich nicht schlau. Manchmal ist er gescheit und manchmal blöd.

Beatrice. Er spielt nur den Dummen, der Gauner. *(Zu Brighella.)* Nun, gebt Ihr uns ein Mittagessen?

Brighella. Wenn Sie zwei Gänge zu je fünf Gerichten haben wollen, dann braucht das seine Zeit.

Pantalone. Wieviel? Fünf Gerichte? Was Einfaches, gut bürgerlich! Eine Kleinigkeit, zwei Gerichte und basta! Ich stell keine Ansprüche.

Beatrice *(zu Brighella).* Habt Ihr gehört? Richtet Euch danach.

Brighella. Sehr wohl. Aber wenn Sie einen besonderen Wunsch haben, dann sagen Sie mir das bitte.

Pantalone. Wenn Hackbraten für mich da wär, den würd ich gern essen; ich kann nicht recht kauen.

Beatrice *(zu Brighella).* Habt Ihr gehört? Hackbraten.

Brighella. Wie beliebt. Bemühen Sie sich bitte dort in den Raum, ich laß gleich anrichten.

Beatrice. Sagt dem Truffaldino, er soll bedienen kommen.

Brighella. Ich sag's ihm, Signore. *(Ab.)*

SCENA XIV

Beatrice, Pantalone, poi Camerieri, poi Truffaldino.

Beatrice. Il signor Pantalone si contenterà di quel poco che daranno.

Pantalone. Me maraveggio, cara ela; xe anca troppo l'incomodo che la se tol; quel che averave da far mi con elo, el fa elo con mi; ma la vede ben, gh'ho quella putta in casa; fin che no xe fatto tutto, no xe lecito che la staga insieme. Ho accettà le so grazie per devertirme un pochetto; tremo ancora dalla paura. Se no gieri vu, fio mio, quel cagadonao me sbasiva.

Beatrice. Ho piacere d'essere arrivato in tempo. *(I camerieri portano nella camera indicata da Brighella tutto l'occorrente per preparare la tavola, con bicchieri vino, pane ecc.)*

Pantalone. In sta locanda i xe molto lesti.

Beatrice. Brighella è un uomo di garbo. In Torino serviva un gran cavaliere e porta ancora la sua livrea.

Pantalone. Ghe xe anca una certa locanda sora Canal Grando, in fazza alle Fabbriche de Rialto, dove che se magna molto ben; son sta diverse volte con certi galantomeni, de quei della bona stampa, e son sta cussì ben, che co me l'arecordo, ancora me consolo. Tra le altre cosse me recordo d'un certo vin de Borgogna che el dava el becco alle stelle.

Beatrice. Non vi è maggior piacere al mondo, oltre quello di essere in buona compagnia.

Pantalone. Oh se la savesse che compagnia che xe quella! Se la savesse che cuori tanto fatti! Che sincerità!

VIERZEHNTE SZENE

Beatrice, Pantalone, dann Bediente, dann Truffaldino.

Beatrice. Signor Pantalone, ich bitte Euch, nehmt mit dem wenigen vorlieb, das man uns hier geben wird.

Pantalone. Sagen Sie das nicht, mein Lieber. Sie haben sogar schon zu viele Umstände gemacht. Was ich Ihnen hätte anbieten müssen, das bieten Sie jetzt mir an. Aber Sie wissen ja, wie das ist, wenn man ein Mädchen im Hause hat. Ehe nicht alles in Ordnung gebracht ist, schickt es sich nicht, daß Sie mit ihr zusammen sind. Ich hab Ihre Einladung angenommen, um ein bißchen auf andere Gedanken zu kommen. Mir steckt noch die Angst in den Knochen. Wenn Ihr nicht gewesen wärt, mein Lieber, dann hätt mich doch dieser Dreckskerl aufgespießt.

Beatrice. Ich freue mich, daß ich rechtzeitig dazugekommen bin. *(Die Bedienten bringen in den von Brighella angegebenen Raum das Gedeck, die Gläser, den Wein, das Brot, und so weiter.)*

Pantalone. Hier wird man sehr prompt bedient.

Beatrice. Brighella weiß, was sich gehört. In Turin diente er im Hause eines hohen Adeligen, dessen Livree er heute noch trägt.

Pantalone. Da gibt's noch ein anderes Gasthaus am Canale Grande, gleich an der Rialto-Brücke, wo man sehr gut essen kann. Ich bin schon ein paarmal mit Ehrenmännern, mit guten, anständigen Menschen dort gewesen und hab mich so wohl gefühlt wie sonst noch nirgends; ich denk immer noch gern daran zurück. Übrigens hatten die einen Burgunder, der ganz herrlich moussierte!

Beatrice. Es gibt nichts Schöneres, als sich in guter Gesellschaft zu befinden.

Pantalone. Ach, wenn Sie nur wüßten, was das für eine Gesellschaft war! Wenn Sie nur wüßten, was das für prächtige Menschen sind! Wie offen und ehrlich! Und

Che schiettezza! Che belle conversazion, che s'ha fatto anca alla Zuecca! Siei benedetti. Sette o otto galantomeni, che no ghe xe i so compagni a sto mondo. *(I camerieri escono dalla stanza e tornano verso la cucina.)*

Beatrice. Avete dunque goduto molto con questi?
Pantalone. L'è che spero de goder ancora.

Truffaldino *(col piatto in mano della minestra o della zuppa. A Beatrice).* La resta servida in camera, che porto in tola.
Beatrice. Va innanzi tu; metti giù la zuppa.
Truffaldino *(fa le cerimonie).* Eh, la resti servida.
Pantalone. El xe curioso sto so servitor. Andemo. *(Entra in camera).*
Beatrice *(a Truffaldino ed entra).* Io vorrei meno spirito e più attenzione.
Truffaldino. Guardè che bei trattamenti! un piatto alla volta! I spende i so quattrini e no i gh'ha niente de bon gusto. Chi sa gnanca se sta minestra la sarà bona da niente; vôi sentir. *(Assaggia la minestra, prendendone con un cucchiaio che ha in tasca.)* Mi gh'ho sempre le mie arme in scarsella. Eh! no gh'è mal; la poderave esser pezo. *(Entra in camera.)*

SCENA XV

Un Cameriere con un piatto, poi Truffaldino, poi Florindo, poi Beatrice ed altri Camerieri.

Cameriere. Quando sta costui a venir a prender le vivande?

auch auf der Zuecca-Insel* haben wir uns schon wunderbar unterhalten! Eine rechte Freude! Sieben oder acht Ehrenmänner sind das, wie es sie auf der ganzen Welt kein zweites Mal gibt. *(Die Bedienten verlassen den Eßraum und kehren in die Küche zurück.)*

Beatrice. Ihr habt also Euern Spaß mit ihnen gehabt?

Pantalone. Ja, und den Spaß hoffe ich noch recht oft zu haben.

Truffaldino *(die Suppe bringend, zu Beatrice).* Belieben Sie, sich in den Eßraum zu begeben, ich trag auf.

Beatrice. Geh nur voraus. Und stell die Suppe hin.

Truffaldino *(feierlich).* Aber bitte, nach Ihnen!

Pantalone. Ein komischer Kauz, Ihr Diener! Gehen wir. *(Geht hinein.)*

Beatrice *(zu Truffaldino, ebenfalls hineingehend).* Ich wünsche weniger Witz, aber dafür mehr Verstand!

Truffaldino. Schöne Bewirtung! Immer nur ein Gericht! Da gibt man sein gutes Geld aus und bekommt nichts mit gutem Geschmack serviert. Und wer weiß, ob die Suppe überhaupt was taugt. Ich will doch mal sehen. *(Zieht einen Löffel aus der Tasche und kostet die Suppe.)* Ich hab mein Handwerkszeug immer bei mir in der Tasche. Hm! Ganz brauchbar. Könnte auch schlechter sein. *(Geht hinein.)*

FÜNFZEHNTE SZENE

Kellner mit einem Gericht, dann Truffaldino, dann Florindo, dann Beatrice und Bediente.

Kellner. Wie lange braucht denn der, bis er das Essen holt?

* Sprich: Suékka. Zuecca ist die Dialektbezeichnung für die Laguneninsel Giudecca, die zu Goldonis Zeit noch nicht zum unmittelbaren Stadtgebiet Venedigs gehörte und wegen ihrer damaligen Schönheit ein beliebtes Ausflugsziel war. (Anmerkung des Übersetzers.)

Truffaldino *(dalla camera)*. Son qua, camerada; cossa me deu?

Cameriere. Ecco il bollito. Vado a prender un altro piatto. *(Parte.)*

Truffaldino. Che el sia castrà, o che el sia vedèlo? El me par castrà. Sentimolo un pochetin. *(Ne assaggia un poco.)* No l'è nè castrà, nè vedèlo: l'è pegora bella e bona. *(S'incammina verso la camera di Beatrice.)*

Florindo *(l'incontra)*. Dove si va?

Truffaldino *(da sè)*. Oh poveretto mi!

Florindo. Dove vai con quel piatto?

Truffaldino. Metteva in tavola, signor.

Florindo. A chi?

Truffaldino. A Vussioria.

Florindo. Perchè metti in tavola prima ch'io venga a casa?

Truffaldino. V'ho visto a vegnir dalla finestra. *(Da sè.)* Bisogna trovarla.

Florindo. E dal bollito princìpi a metter in tavola e non dalla zuppa?

Truffaldino. Ghe dirò, signor, a Venezia la zuppa la se magna in ultima.

Florindo. Io costumo diversamente. Voglio la zuppa. Riporta in cucina quel piatto.

Truffaldino. Signor sì, la sarà servida.

Florindo. E spicciati, che voglio poi riposare.

Truffaldino. Subito. *(Mostra di ritornare in cucina.)*

Florindo *(da sè; entra nell'altra camera in prospetto)*. Beatrice non la ritroverò mai? *(Truffaldino, entrato Florindo in camera, corre col piatto e lo porta a Beatrice.)*

Cameriere *(torna con una vivanda)*. E sempre bisogna aspettarlo. *(Chiama.)*

Truffaldino *(esce di camera di Beatrice)*. Son qua. Presto, andè a parecchiar in quell'altra camera, che

Truffaldino *(aus dem Eßraum).* Da bin ich, Kamerad. Was gebt Ihr mir denn?

Kellner. Hier ist das Siedfleisch. Ich hol jetzt das nächste Gericht. *(Ab.)*

Truffaldino. Ob's Hammel ist oder Kalb? Scheint mir Hammel zu sein. Probieren wir ein bißchen. *(Kostet.)* Kein Hammel und kein Kalb: aber Schaf. *(Will in Beatrices Raum.)*

Florindo *(ihm begegnend).* Was machst du denn da?

Truffaldino *(für sich).* Ach, du liebe Güte!

Florindo. Wohin gehst du denn mit dem Gericht?

Truffaldino. Ich trag auf, Signore.

Florindo. Wem?

Truffaldino. Euer Gnaden.

Florindo. Und weshalb trägst du auf, ehe ich da bin?

Truffaldino. Ich hab Sie vom Fenster aus kommen sehen. *(Für sich.)* Eine gute Ausrede ist Gold wert.

Florindo. Und da fängst du mit dem Siedfleisch an und nicht mit der Suppe?

Truffaldino. Wissen Sie, Signore, in Venedig ißt man die Suppe am Ende.

Florindo. Ich pflege es anders. Ich will die Suppe jetzt haben. Bring dies Gericht wieder in die Küche.

Truffaldino. Jawohl, Signore, bitt schön!

Florindo. Und spute dich, ich will mich nachher hinlegen.

Truffaldino. Sofort! *(Tut so, als ginge er in die Küche zurück.)*

Florindo *(für sich).* Werde ich denn Beatrice nie wiederfinden? *(Begibt sich in den geradeaus befindlichen Eßraum. Truffaldino rennt, sowie Florindo in dem Raum verschwunden ist, mit dem Gericht los und bringt es Beatrice.*

Kellner *(erscheint mit einem anderen Gericht).* Man muß doch jedesmal auf ihn warten. *(Rufend.)* Truffaldino!

Truffaldino *(aus Beatrices Raum kommend).* Da bin ich! Rasch, deckt sofort in dem andern Raum, der andere

l'è arrivado quell'altro forestier, e portè la minestra subito.

Cameriere. Subito. *(Parte.)*

Truffaldino. Sta piattanza coss'ela mo? Bisogna che el sia el fracastor. *(Assaggia.)* Bona, bona, da galantomo. *(La porta in camera di Beatrice. Camerieri passano e portano l'occorrente per preparare la tavola in camera di Florindo.)*

Truffaldino *(verso i camerieri)*. Bravi. Pulito. *(Da sè.)* I è lesti come gatti. Oh se me riussisse da servir a tavola do patroni; mo la saria la gran bella cossa. *(Camerieri escono dalla camera di Florindo e vanno verso la cucina.)*

Truffaldino. Presto fioi, la menestra.

Cameriere. Pensate alla vostra tavola e noi penseremo a questa. *(Parte.)*

Truffaldino. Voria pensar a tutte do, se podesse. *(Cameriere torna colla minestra per Florindo.)*

Truffaldino. Dè qua a mi, che ghe la porterò mi; andè a parecchiar la roba per quell'altra camera. *(Leva la minestra di mano al cameriere e la porta in camera di Florindo.)*

Cameriere. E curioso costui. Vuol servire di qua e di là. Io lascio fare: già la mia mancia bisognerà che me la diano. *(Truffaldino esce di camera di Florindo.)*

Beatrice *(dalla camera lo chiama)*. Truffaldino.

Cameriere *(a Truffaldino)*. Eh! Servite il vostro padrone.

Truffaldino. Son qua. *(Entra in camera di Beatrice. Camerieri portano il bollito per Florindo.)*

Cameriere. Date qui. *(Lo prende; camerieri partono. Truffaldino esce di camera di Beatrice con i tondi sporchi.)*

Florindo *(dalla camera lo chiama forte)*. Truffaldino.

Fremde ist nämlich gekommen; und bringt gleich die Suppe.

Kellner. Ja, gleich. *(Ab.)*

Truffaldino. Was ist denn das für eine Kost? Bestimmt das Frühkassier. *(Kostet.)* Gut, gut, nichts dagegen zu sagen. *(Bringt es zu Beatrice. Die Bedienten bringen das Gedeck und so weiter in Florindos Raum.)*

Truffaldino *(zu den Bedienten hin)*. Bravo. So laß ich's mir gefallen. *(Für sich.)* Die sind ja geschwind wie die Affen. Ach, wär das schön, könnt ich gleich zwei Herren bei Tisch bedienen! *(Die Bedienten kommen aus Florindos Raum und gehen wieder zur Küche.)*

Truffaldino. Dalli, Jungs, die Suppe!

Kellner. Kümmert Euch um Euern Tisch, ich kümmere mich um den hier! *(Ab.)*

Truffaldino. Ich möcht mich ja um beide kümmern, wenn ich's könnt! *(Kellner kommt mit der Suppe für Florindo.)*

Truffaldino. Nur her damit, ich besorg das schon. Macht inzwischen das nächste für den andern zurecht. *(Nimmt dem Kellner die Suppe ab und trägt sie in Florindos Raum.)*

Kellner. Ein komischer Kerl. Er will hier bedienen und will dort bedienen. Von mir aus! Mein Trinkgeld müssen sie mir trotzdem geben. *(Truffaldino kommt aus Florindos Raum.)*

Beatrice *(Truffaldino aus ihrem Raum rufend)*. Truffaldino!

Kellner *(zu Truffaldino)*. Los! Bedient Euern Herrn!

Truffaldino. Bin schon da! *(Geht in Beatrices Raum. Die Bedienten bringen das Siedfleisch für Florindo.)*

Kellner. Gebt her. *(Nimmt es ab. Die Bedienten ab. Truffaldino kommt mit den gebrauchten Tellern aus Beatrices Raum.)*

Florindo *(aus seinem Raum laut rufend)*. Truffaldino!

Truffaldino. De qua. *(Vuol prendere il piatto del bollito dal cameriere.)*

Cameriere. Questo lo porto io.

Truffaldino. No sentì che el me chiama mi? *(Gli leva il bollito di mano e lo porta a Florindo.)*

Cameriere. È bellissima. Vuol far tutto. *(Camerieri portano un piatto di polpette, lo danno al cameriere e partono.)*

Cameriere. Lo porterei io in camera, ma non voglio aver che dire con costui. *(Truffaldino di camera di Florindo con tondi sporchi.)*

Cameriere. Tenete, signor faccendiere; portate queste polpette al vostro padrone.

Truffaldino *(prendendo il piatto in mano).* Polpette?

Cameriere. Sì, le polpette ch'egli ha ordinato. *(Parte.)*

Truffaldino. Oh bella! A chi le hoi da portar? Chi diavol de sti patroni le averà ordinade? Se ghel vago a domandar in cusina, no voria metterli in malizia; se falo e che no le porta a chi le ha ordenade, quell'altro le domanderà e se scoverzirà l'imbroio. Farò cussì ... Eh gran mi! Farò cussì; le spartirò in do tondi, le porterò metà per un, e cussì chi le averà ordinade, le vederà. *(Prende un altro tondo di quelli che sono in sala e divide le polpette per metà.)* Quattro e quattro. Ma ghe n'è una de più. A chi ghe l'oia da dar? No vôi che nissun se n'abbia per mal; me la magnerò mi. *(Mangia la polpetta.)* Adesso va ben. Portemo le polpette a questo. *(Mette in terra l'altro tondo e ne porta uno da Beatrice.)*

Cameriere *(con un bodin all'inglese. Chiama).* Truffaldino.

Truffaldino *(esce dalla camera di Beatrice).* Son qua.

Truffaldino. Gebt her. *(Will dem Kellner das Siedfleisch abnehmen.)*

Kellner. Das trage ich hinein.

Truffaldino. Hört Ihr denn nicht, daß ich gerufen werde? *(Nimmt ihm das Siedfleisch ab und bringt es zu Florindo.)*

Kellner. Herrlich! Er will alles ganz allein machen! *(Die Bedienten bringen den Hackbraten, überreichen ihn dem Kellner, und ab.)*

Kellner. Ich würde ihn ja hineinbringen, aber ich habe keine Lust, mich mit dem da zu streiten. *(Truffaldino mit gebrauchten Tellern aus Florindos Raum.)*

Kellner. Da, Herr Gschaftlhuber: der Hackbraten für Euern Herrn.

Truffaldino *(den Teller ergreifend).* Hackbraten?

Kellner. Ja, der Hackbraten, den er bestellt hat. *(Ab.)*

Truffaldino. Verflixt! Wem soll ich den jetzt bringen? Wer von den beiden Herren hat den eigentlich haben wollen? Geh ich in die Küche und frag, dann lachen sie mich noch aus; und wenn ich's verkehrt mache und bring ihn dem, der ihn gar nicht bestellt hat, dann reklamiert der andere, und der Schwindel platzt. Ich mach's einfach so ... Oh, ich bin ein kluger Kopf! Ja, so mach ich's: ich verteil die ganze Geschichte auf zwei Teller und bring jedem die Hälfte, dann kann nichts schiefgehen. *(Nimmt einen anderen Teller von denen, die im Zimmer sind, und verteilt die einzelnen Stücke.)* Jetzt hat jeder vier Stück. Aber da ist ja eines übrig. Wem soll ich das jetzt geben? Ich will niemand vor den Kopf stoßen; also eß ich's selbst. *(Ißt das Stück Hackfleisch.)* Die Rechnung stimmt. Jetzt kriegt der sein Hackfleisch. *(Stellt einen Teller auf die Erde und bringt den anderen zu Beatrice.)*

Kellner *(mit einem Pudding nach englischer Art, rufend).* Truffaldino!

Truffaldino *(aus Beatrices Raum kommend).* Da bin ich!

Cameriere. Portate questo bodino ...

Truffaldino. Aspettè che vegno. *(Prende l'altro tondino di polpette e lo porta a Florindo.)*

Cameriere. Sbagliate; le polpette vanno di là.

Truffaldino. Sior sì, lo so, le ho portade de là; e el me patron manda ste quattro a regalar a sto forestier. *(Entra.)*

Cameriere. Si conoscono dunque, sono amici. Potevano desinar insieme.

Truffaldino *(torna in camera di Florindo, al cameriere)*. E cussì, coss'elo sto negozio?

Cameriere. Questo è un bodino all'inglese.

Truffaldino. A chi valo?

Cameriere. Al vostro padrone. *(Parte.)*

Truffaldino. Che diavolo è sto bodin? L'odor l'è prezioso, el par polenta. Oh se el fuss polenta, la saria pur una bona cossa! Vôi sentir. *(Tira fuori di tasca una forchetta.)* No l'è polenta, ma el ghe someia. *(Mangia.)* L'è meio della polenta. *(Mangia.)*

Beatrice *(dalla camera lo chiama)*. Truffaldino.

Truffaldino *(risponde colla bocca piena)*. Vegno.

Florindo *(lo chiama dalla sua camera)*. Truffaldino.

Truffaldino *(risponde colla bocca piena, come sopra)*. Son qua. *(Segue a mangiare.)* Oh che roba preziosa! un altro bocconcin, e vegno.

Beatrice *(esce dalla sua camera e vede Truffaldino che mangia; gli dà un calcio e gli dice)*. Vieni a servire. *(Torna nella sua camera. Truffaldino mette il bodino in terra ed entra in camera di Beatrice.)*

Florindo *(esce dalla sua camera. Chiama)*. Truffaldino. Dove diavolo è costui?

Kellner. Bringt den Pudding ...

Truffaldino. Augenblick, bin gleich wieder da. *(Nimmt den anderen Teller mit Hackbraten und geht damit zu Florindo.)*

Kellner. Ihr irrt Euch. Der Hackbraten kommt dorthin.

Truffaldino. Ja, Sior, das weiß ich, hab ihn auch schon hingebracht, aber mein Herr schickt diese vier Stück als Präsent an den Fremden. *(Zu Florindo hinein.)*

Kellner. Das heißt also, sie kennen sich und sind miteinander befreundet. Da hätten sie auch gleich zusammen essen können.

Truffaldino *(aus Florindos Raum kommend, zum Kellner)*. Und was ist das für ein Zeug?

Kellner. Ein englischer Pudding.

Truffaldino. Wer bekommt den?

Kellner. Euer Herr. *(Ab.)*

Truffaldino. Was ist denn eigentlich Pudding? Riechen tut er ja gut, beinah wie Polenta. Ach, würde mir jetzt eine Polenta gut schmecken! Ich will doch mal kosten. *(Zieht eine Gabel aus der Tasche.)* Ist keine Polenta, aber so was Ähnliches. *(Ißt.)* Schmeckt viel besser als Polenta. *(Ißt.)*

Beatrice *(ihn von ihrem Raum aus rufend)*. Truffaldino!

Truffaldino *(mit vollem Munde antwortend)*. Ich komme.

Florindo *(ihn von seinem Raum aus rufend)*. Truffaldino!

Truffaldino *(mit vollem Munde, wie oben)*. Da bin ich! *(Weiteressend, für sich.)* Oh, wie fein! Noch ein Happen, dann komm ich.

Beatrice *(kommt heraus, sieht Truffaldino essen, versetzt ihm einen Fußtritt und meint)*. Bediene schon! *(Wieder zurück. Truffaldino stellt den Pudding auf die Erde, dann zu Beatrice hinein.)*

Florindo *(tritt heraus, rufend)*. Truffaldino! Wo steckt denn der Kerl?

Truffaldino *(esce dalla camera di Beatrice, vedendo Florindo).* L'è qua.

Florindo. Dove sei? Dove ti perdi?

Truffaldino. Era andà a tor dei piatti, signor.

Florindo. Vi è altro da mangiare?

Truffaldino. Anderò a veder.

Florindo. Spicciati, ti dico, che ho bisogno di riposare. *(Torna nella sua camera.)*

Truffaldino. Subito. *(Chiama.)* Camerieri, gh'è altro? *(Da sè.)* Sto bodin me lo metto via per mi. *(Lo nasconde.)*

Cameriere *(porta un piatto coll'arrosto).* Eccovi l'arrosto.

Truffaldino *(prende l'arrosto).* Presto i frutti.

Cameriere. Gran furie! Subito. *(Parte.)*

Truffaldino. L'arrosto lo porterò a questo. *(Entra da Florindo.)*

Cameriere *(con un piatto di frutta).* Ecco le frutta, dove siete?

Truffaldino *(di camera di Florindo).* Son qua.

Cameriere. Tenete. *(Gli dà le frutta.)* Volete altro?

Truffaldino. Aspettè. *(Porta le frutta da Beatrice.)*

Cameriere. Salta di qua, salta di là; è un diavolo costui.

Truffaldino. Non occorr' altro. Nissun vol altro.

Cameriere. Ho piacere.

Truffaldino. Parecchiè per mi.

Cameriere. Subito. *(Parte.)*

Truffaldino. Togo su el me bodin; evviva, l'ho superada, tutti i è contenti, no i vol alter, i è stadi servidi. Ho servido a tavola do padroni, e un non ha savudo dell'altro. Ma se ho servido per do, adess voio andar a magnar per quattro. *(Parte.)*

Truffaldino *(kommt aus Beatrices Raum, Florindo sehend).* Hier steckt er.

Florindo. Was ist denn mit dir? Wo treibst du dich denn herum?

Truffaldino. Ich hab nur Teller geholt, Signore.

Florindo. Gibt es noch etwas zu essen?

Truffaldino. Ich seh gleich nach.

Florindo. Beeil dich aber, ich muß mich jetzt ausruhen! *(In seinen Raum zurück.)*

Truffaldino. Wird gemacht. *(Rufend.)* Kellner, gibt's noch was? *(Für sich.)* Den Pudding heb ich mir auf. *(Versteckt ihn.)*

Kellner *(eine Platte mit Braten hereinbringend).* Hier ist der Braten.

Truffaldino *(den Braten nehmend).* Schnell das Obst!

Kellner. Eine Ungeduld! Gleich! *(Ab.)*

Truffaldino. Den Braten bring ich dem da. *(Zu Florindo hinein.)*

Kellner *(mit einer Schüssel Obst).* Hier ist das Obst. Wo seid Ihr denn?

Truffaldino *(aus Florindos Raum kommend).* Bin schon da.

Kellner. Hier, nehmt. *(Übergibt ihm das Obst.)* Wollt Ihr noch etwas?

Truffaldino. Wartet! *(Bringt das Obst zu Beatrice.)*

Kellner. Er springt hierhin und springt dorthin. Der reinste Springteufel!

Truffaldino. Es reicht. Keiner will mehr was.

Kellner. Das freut mich.

Truffaldino. Tragt für mich auf.

Kellner. Sofort. *(Ab.)*

Truffaldino. Jetzt nehm ich mir meinen Pudding. Juchhu, ich hab's geschafft. Alle beide sind zufrieden, satt und bedient. Zwei Herren hab ich bei Tisch serviert, und keiner hat was vom andern gewußt. Und wenn ich zwei serviert hab, dann will ich jetzt auch für viere essen. *(Ab.)*

SCENA XVI

Strada con veduta della locanda.

Smeraldina, poi il Cameriere della locanda.

S m e r a l d i n a. Oh, guardate che discretezza della mia padrona! Mandarmi con un viglietto ad una locanda, una giovane come me? Servire una donna innamorata è una cosa molto cattiva. Fa mille stravaganze questa mia padrona; e quel che non so capire si è, che è innamorata del signor Silvio a segno di sbudellarsi per amor suo, e pur manda i viglietti ad un altro. Quando non fosse che ne volesse uno per la state e l'altro per l'inverno. Basta ... Io nella locanda non entro certo. Chiamerò; qualcheduno uscirà. *(Chiama.)* O di casa! o della locanda!

C a m e r i e r e. Che cosa volete quella giovine?

S m e r a l d i n a *(da sè)*. Mi vergogno davvero, davvero. *(Al cameriere.)* Ditemi ... Un certo signor Federigo Rasponi è alloggiato in questa locanda?

C a m e r i e r e. Sì, certo. Ha finito di pranzare che è poco.

S m e r a l d i n a. Avrei da dirgli una cosa.

C a m e r i e r e. Qualche ambasciata! Potete passare.

S m e r a l d i n a. Ehi, chi vi credete ch'io sia? Sono la cameriera della sua sposa.

C a m e r i e r e. Bene, passate.

S m e r a l d i n a. Oh, non ci vengo io là dentro.

C a m e r i e r e. Volete ch'io lo faccia venire sulla strada? Non mi pare cosa ben fatta; tanto più ch'egli è in compagnia col signor Pantalone de' Bisognosi.

S m e r a l d i n a. Il mio padrone? Peggio! Oh, non ci vengo.

C a m e r i e r e. Manderò il suo servitore, se volete.

SECHZEHNTE SZENE

Straße mit Ansicht des Gasthauses.

Smeraldina, dann Kellner.

Smeraldina. Feine Manieren hat meine Herrin! Ein junges Mädchen wie mich mit einem Billett ins Gasthaus zu schicken! Einer verliebten Frauensperson zu dienen ist doch ein recht undankbares Geschäft! Sie hat ja auch ganz schöne Marotten im Kopf! Eines kann ich jedenfalls nicht begreifen: in den Signor Silvio ist sie so verliebt, daß sie sich aus lauter Liebe zu ihm umbringen will, und einem andern schickt sie ein Billett. Oder ob sie einen für den Sommer und einen für den Winter haben will? Genug ... In das Gasthaus gehe ich jedenfalls nicht. Ich rufe einfach. Es wird schon jemand kommen. *(Rufend.)* He, jemand vom Haus! Jemand vom Gasthaus!

Kellner. Was wollt Ihr, Jungfer?

Smeraldina *(für sich)*. Ich schäme mich ganz schrecklich. *(Zum Kellner.)* Sagt mal ... wohnt in diesem Gasthaus ein gewisser Signor Federigo Rasponi?

Kellner. Ja, gewiß. Er ist gerade mit dem Essen fertig.

Smeraldina. Ich hätte ihm etwas auszurichten.

Kellner. Ihr habt eine Botschaft für ihn? Ihr könnt hereinkommen.

Smeraldina. He, für wen haltet Ihr mich denn? Ich bin das Kammermädchen seiner Braut.

Kellner. Gut. Kommt herein.

Smeraldina. Oh, da gehe ich nicht hinein!

Kellner. Ihr wollt doch nicht, daß ich ihn auf die Straße schicke? Das halte ich nun nicht gerade für angebracht, um so weniger, als er sich in Gesellschaft des Signor Pantalone de' Bisognosi befindet.

Smeraldina. Meines Herrn? Noch schlimmer! Oh, da geh ich nicht hinein!

Kellner. Wenn Ihr wollt, dann schicke ich Euch seinen Diener.

Smeraldina. Quel moretto?

Cameriere. Per l'appunto.

Smeraldina. Sì, mandatelo.

Cameriere *(da sè)*. Ho inteso. Il moretto le piace. Si vergogna a venir dentro. Non si vergognerà a farsi scorgere in mezzo alla strada. *(Entra.)*

SCENA XVII

Smeraldina, poi Truffaldino.

Smeraldina. Se il padrone mi vede, che cosa gli dirò? Dirò che venivo in traccia di lui; eccola bella e accomodata. Oh, non mi mancano ripieghi.

Truffaldino *(con un fiasco in mano, ed un bicchiere, ed un tovagliolino)*. Chi è che me domanda?

Smeraldina. Sono io, signore. Mi dispiace avervi incomodato.

Truffaldino. Niente; son qua a ricever i so comandi.

Smeraldina. M'immagino che foste a tavola, per quel ch'io vedo.

Truffaldino. Era a tavola, ma ghe tornerò.

Smeraldina. Davvero me ne dispiace.

Truffaldino. E mi gh'ho gusto. Per dirvela, ho la panza piena, e quei bei occhietti i è giusto a proposito per farme digerir.

Smeraldina *(da sè)*. Egli è pure grazioso!

Truffaldino. Metto zo el fiaschetto e son qua da vu, cara.

Smeraldina *(da sè)*. Mi ha detto cara. *(A Truffaldino.)* La mia padrona manda questo viglietto al signor Federigo Rasponi; io nella locanda non voglio entrare, onde ho pensato di dar a voi quest'incomodo, che siete il suo servitore.

Smeraldina. Den kleinen Schwarzen?

Kellner. Ja, den.

Smeraldina. Gut, schickt ihn mir.

Kellner *(für sich)*. Ich verstehe. Der kleine Schwarzkopf gefällt ihr. Sie schämt sich hereinzukommen, aber sie schämt sich nicht, auf der Straße gesehen zu werden. *(Ab.)*

SIEBZEHNTE SZENE

Smeraldina, dann Truffaldino.

Smeraldina. Was sag ich nur meinem Herrn, wenn er mich hier sieht? Ich sag einfach, daß ich ihn gesucht habe, dann ist alles in Ordnung. Oh, um Ausreden bin ich nie verlegen!

Truffaldino *(mit einer Flasche Wein, Glas und Serviette)*. Wer wünscht mich?

Smeraldina. Ich, Signore. Es tut mir leid, wenn ich Euch gestört habe.

Truffaldino. Nicht der Rede wert. Ich steh Euch ganz zur Verfügung.

Smeraldina. Wie ich sehe, wart Ihr wohl gerade bei Tisch?

Truffaldino. Ich war bei Tisch und werd auch wieder zu Tisch gehen.

Smeraldina. Das tut mir aber leid.

Truffaldino. Und ich freu mich. Ehrlich gesagt, mein Bauch ist voll, und diese hübschen Äuglein kommen mir gerade recht zum Nachtisch.

Smeraldina *(für sich)*. Er ist sogar artig!

Truffaldino. Ich stell nur die Flasche hin, dann bin ich bei Euch, meine Liebe!

Smeraldina *(für sich)*. Er hat »meine Liebe« zu mir gesagt! *(Zu Truffaldino.)* Meine Herrin schickt dies Billett für den Signor Federigo Rasponi. Ich möchte nicht ins Gasthaus, und da habe ich mir gedacht, daß ich Euch bemühen könnte, da Ihr doch sein Diener seid.

Truffaldino. Volentiera ghe lo porterò; ma prima sappiè che anca mi v'ho da far un'imbassada.

Smeraldina. Per parte di chi?

Truffaldino. Per parte de un galantomo. Disìme, conossìu vu un certo Truffaldin Battocchio?

Smeraldina. Mi pare averlo sentito nominare una volta, ma non me ne ricordo. *(Da sè.)* Avrebbe a esser egli questo.

Truffaldino. L'è un bell'omo; bassotto, traccagnotto, spiritoso, che parla ben. Maestro de cerimonie ...

Smeraldina. Io non lo conosco assolutamente.

Truffaldino. E pur lu el ve cognosse e l'è innamorado de vu.

Smeraldina. Oh! Mi burlate.

Truffaldino. E se el podesse sperar un tantin de corrispondenza, el se daria da cognosser.

Smeraldina. Dirò, signore; se lo vedessi e mi desse nel genio, sarebbe facile ch'io gli corrispondessi.

Truffaldino. Vorla che ghe lo fazza veder?

Smeraldina. Lo vedrò volentieri.

Truffaldino. Adesso subito. *(Entra nella locanda.)*

Smeraldina. Non è egli dunque. *(Truffaldino esce dalla locanda, fa delle riverenze a Smeraldina, le passa vicino; poi sospira ed entra nella locanda.)*

Smeraldina. Quest' istoria non la capisco.

Truffaldino *(tornando a uscir fuori).* L'hala visto?

Smeraldina. Chi?

Truffaldino. Quello che è innamorado delle so bellezze.

Smeraldina. Io non ho veduto altri che voi.

Truffaldino *(sospirando).* Mah!

Truffaldino. Ich will's ihm gern bringen. Aber vorher sollt Ihr noch wissen, daß ich Euch auch was auszurichten hab.

Smeraldina. Von wem?

Truffaldino. Von einem Ehrenmann. Sagt mal, ist Euch ein gewisser Truffaldino Batocchio bekannt?

Smeraldina. Ich glaube, ich habe den Namen schon einmal gehört, aber ich kann mich nicht an ihn erinnern. *(Für sich.)* Bestimmt ist er das selbst.

Truffaldino. Ein hübscher Mann, klein, untersetzt, witzig, redegewandt. Meister der Zeremonien ...

Smeraldina. Nein, den kenne ich bestimmt nicht.

Truffaldino. Aber er kennt Euch und ist in Euch verliebt.

Smeraldina. Oh! Jetzt macht Ihr Euch über mich lustig!

Truffaldino. Und wenn er ein bißchen auf Gegensympathie rechnen könnt, dann würd er sich auch zu erkennen geben.

Smeraldina. Wißt, Signore: bekäme ich ihn zu sehen und er gefiele mir, dann könnte ich ihm vielleicht auch Sympathie entgegenbringen.

Truffaldino. Soll ich ihn Euch zeigen?

Smeraldina. Ich würde ihn gern sehen.

Truffaldino. Sofort! *(Ins Gasthaus.)*

Smeraldina. Also ist er's nicht. *(Truffaldino kommt heraus, verneigt sich vor Smeraldina, tritt an sie heran, seufzt, und wieder zurück ins Gasthaus.)*

Smeraldina. Die Geschichte verstehe ich nicht.

Truffaldino *(wieder herauskommend).* Habt Ihr ihn gesehen?

Smeraldina. Wen?

Truffaldino. Den, der in Eure Schönheit verliebt ist.

Smeraldina. Außer Euch habe ich niemanden gesehen.

Truffaldino *(seufzend).* Ach!

Smeraldina. Siete voi forse quello che dice di volermi bene?

Truffaldino *(sospirando)*. Son mi.

Smeraldina. Perchè non me l'avete detto alla prima?

Truffaldino. Perchè son un poco vergognosetto.

Smeraldina *(da sè)*. Farebbe innamorare i sassi.

Truffaldino. E cussì, cossa me disela?

Smeraldina. Dico, che . . .

Truffaldino. Via, la diga.

Smeraldina. Oh, anch'io sono vergognosetta.

Truffaldino. Se se unissimo insieme, faressimo el matrimonio de do persone vergognose.

Smeraldina. In verità, voi mi date nel genio.

Truffaldino. Èla putta éla?

Smeraldina. Oh, non si domanda nemmeno.

Truffaldino. Che vol dir, no certo.

Smeraldina. Anzi vuol dir, sì certissimo.

Truffaldino. Anca mi son putto.

Smeraldina. Io mi sarei maritata cinquanta volte, ma non ho mai trovato una persona che mi dia nel genio.

Truffaldino. Mi possio sperar de urtarghe in te la simpatia?

Smeraldina. In verità, bisogna che io lo dica, voi avete un non so che . . . Basta, non dico altro.

Truffaldino. Uno che la volesse per muier, come averielo da far?

Smeraldina. Io non ho nè padre, nè madre. Bisognerebbe dirlo al mio padrone, o alla mia padrona.

Truffaldino. Benissimo, se ghel dirò, cossa dirali?

Smeraldina. Diranno, che se sono contenta io . . .

Smeraldina. Seid Ihr vielleicht derjenige, der vorgibt, mich zu lieben?

Truffaldino *(seufzend)*. Ich bin's.

Smeraldina. Warum habt Ihr mir das nicht eher gesagt?

Truffaldino. Weil ich ein ganz klein bißchen schamhaft bin.

Smeraldina *(für sich)*. Wer da nicht Feuer fängt!

Truffaldino. Und was sagt Ihr jetzt?

Smeraldina. Ich sage ...

Truffaldino. So sagt doch!

Smeraldina. Oh, ich bin auch ein ganz klein bißchen schamhaft.

Truffaldino. Und wenn wir uns zusammentäten, dann gäb's eine Hochzeit von zwei Schamhaften.

Smeraldina. Eigentlich gefallt Ihr mir.

Truffaldino. Seid Ihr noch Jungfrau?

Smeraldina. Oh, da braucht man doch gar nicht zu fragen!

Truffaldino. Das heißt also: ganz gewiß nicht!

Smeraldina. Das heißt sogar: ganz gewiß doch!

Truffaldino. Ich bin auch noch Jüngling.

Smeraldina. Ich hätte mich schon fünfzigmal verheiraten können, aber ich habe noch nie einen gefunden, der mir gefallen hätte.

Truffaldino. Kann ich denn hoffen, auf Eure Sympathie zu stoßen?

Smeraldina. Eigentlich muß ich schon sagen, Ihr habt irgend etwas an Euch ... Genug, mehr sage ich nicht!

Truffaldino. Wie soll's nur einer anstellen, der Euch zur Frau haben möcht?

Smeraldina. Ich habe keinen Vater und keine Mutter mehr. Er müßte es schon meinem Herrn oder meiner Herrin sagen.

Truffaldino. Schön, und wenn ich's ihnen sage, was werden sie dann antworten?

Smeraldina. Sie werden antworten: wenn ich's zufrieden bin ...

Truffaldino. E ela cossa dirala?

Smeraldina. Dirò ... che se sono contenti essi ...

Truffaldino. Non occorr'altro. Saremo tutti contenti. Deme la lettera, e co ve porterò la risposta, discorreremo.

Smeraldina. Ecco la lettera.

Truffaldino. Savìu mo cossa che la diga sta lettera?

Smeraldina. Non lo so, e se sapeste che curiosità che avrei di saperlo!

Truffaldino. No voria che la fuss una qualche lettera de sdegno e che m'avess da far romper el muso.

Smeraldina. Chi sa? D'amore non dovrebbe essere.

Truffaldino. Mi no vôi impegni. Se no so cossa che la diga, mi no ghe la porto.

Smeraldina. Si potrebbe aprirla ... ma poi a serrarla ti voglio.

Truffaldino. Eh, lassè far a mi; per serrar le lettere son fatto a posta; no se cognosserà gnente affatto.

Smeraldina. Apriamola dunque.

Truffaldino. Savìu lezer vu?

Smeraldina. Un poco. Ma voi saprete legger bene.

Truffaldino. Anca mi un pochettin.

Smeraldina. Sentiamo dunque.

Truffaldino. Averzimola con pulizia. *(Ne straccia una parte.)*

Smeraldina. Oh! Che avete fatto?

Truffaldino. Niente. Ho el segreto d'accomodarla. Eccola qua l'è averta.

Smeraldina. Via, leggetela.

Truffaldino. Lezila vu. El carattere della vostra padrona l'intenderè meio de mi.

Smeraldina *(osservando la lettera)*. Per dirla, io non capisco niente.

Truffaldino *(fa lo stesso)*. E mi gnanca una parola.

Truffaldino. Und was werdet Ihr antworten?

Smeraldina. Ich werde antworten: ... wenn sie's zufrieden sind ...

Truffaldino. Das reicht. Dann sind wir's alle zufrieden. Gebt mir jetzt den Brief, und wenn ich Euch die Antwort bringe, können wir weiterreden.

Smeraldina. Hier ist der Brief.

Truffaldino. Wißt Ihr eigentlich, was in dem Brief steht?

Smeraldina. Nein. Und Ihr könnt Euch gar nicht vorstellen, wie gern ich's wissen möchte!

Truffaldino. Wenn das nur kein geharnischter Brief ist, der's auf mich abgesehen hat!

Smeraldina. Wer weiß? Ein Liebesbrief ist es kaum.

Truffaldino. Ich will aber keine Scherereien. Weiß ich nicht, was drin steht, bring ich ihn auch nicht hin.

Smeraldina. Man könnte ihn aufmachen ... aber wie kriegt man ihn wieder zu?

Truffaldino. Ach, überlaßt das nur mir! Darin bin ich Meister. Man wird überhaupt nichts merken.

Smeraldina. Dann machen wir ihn auf.

Truffaldino. Könnt Ihr lesen?

Smeraldina. Ein bißchen. Aber Ihr könnt es bestimmt recht gut.

Truffaldino. Kann's auch ein bißchen.

Smeraldina. Hören wir mal.

Truffaldino. Also, öffnen wir ihn fein säuberlich. *(Reißt ein Stück ab.)*

Smeraldina. Ach! Was habt Ihr jetzt getan?

Truffaldino. Gar nichts. Ich kenn schon das Geheimnis, wie man ihn wieder heil macht. Bitte, der ist auf.

Smeraldina. Lest nur.

Truffaldino. Lest Ihr ihn doch. Die Manier Eurer Herrin ist Euch bestimmt geläufiger.

Smeraldina *(den Brief ansehend)*. Ehrlich gesagt, ich verstehe überhaupt nichts.

Truffaldino *(ebenso)*. Und ich kein Wort.

Smeraldina. Che serviva dunque aprirla?

Truffaldino *(tiene egli la lettera).* Aspettè; ingegnemose; qualcossa capisso.

Smeraldina. Anch'io intendo qualche lettera.

Truffaldino. Provemose un po' per un. Questo non elo un emme?

Smeraldina. Oibò; questo è un erre.

Truffaldino. Dall'erre all'emme gh'è poca differenza.

Smeraldina. »Ri, ri, a, ria.« No, no, state cheto, che credo sia un emme, »mi, mi, a, mia.«

Truffaldino. No dirà mia, dirà mio.

Smeraldina. No, che vi è la codetta.

Truffaldino. Giusto per questo: mio.

SCENA XVIII

Beatrice e Pantalone dalla locanda, e detti.

Pantalone *(a Smeraldina).* Cossa feu qua?

Smeraldina *(intimorita).* Niente, signore, venivo in traccia di voi.

Pantalone *(a Smeraldina).* Cossa voleu da mi?

Smeraldina *(come sopra).* La padrona vi cerca.

Beatrice *(a Truffaldino).* Che foglio è quello?

Truffaldino *(intimorito).* Niente, l'è una carta ...

Beatrice *(a Truffaldino).* Lascia vedere.

Truffaldino. Signor sì. *(Gli dà il foglio tremando.)*

Beatrice. Come! Questo è un viglietto che viene a me. Indegno! Sempre si aprono le mie lettere?

Truffaldino. Mi no so niente, signor ...

Beatrice. Osservate, signor Pantalone, un viglietto

Smeraldina. Wozu haben wir ihn dann aufgemacht?

Truffaldino *(den Brief haltend)*. Wartet mal. Strengen wir uns an. Eine Kleinigkeit verstehe ich schon.

Smeraldina. Ein paar Buchstaben verstehe ich auch.

Truffaldino. Dann probieren wir's halt zusammen. Ist das nicht ein M?

Smeraldina. Ach was! Das ist ein R!

Truffaldino. Zwischen R und M ist kein großer Unterschied.

Smeraldina. »Ri, ri, a, ria.« Nein, nein, seid still, ich glaube doch, daß es ein M ist: »Mi, mi, a, mia.«

Truffaldino. Das heißt bestimmt nicht mia, sondern mio!

Smeraldina. Aber da ist doch ein Häkchen dran.

Truffaldino. Drum heißt's auch: mio!

ACHTZEHNTE SZENE

Beatrice und Pantalone, aus dem Wirtshaus kommend, und die Vorigen.

Pantalone *(zu Smeraldina)*. Was treibst du denn hier?

Smeraldina *(ängstlich)*. Nichts, Signore, ich habe Euch gesucht.

Pantalone *(zu Smeraldina)*. Was willst du von mir?

Smeraldina *(wie oben)*. Meine Herrin sucht Euch.

Beatrice *(zu Truffaldino)*. Was ist das für ein Papier?

Truffaldino *(ängstlich)*. Nichts, ein Stück Papier ...

Beatrice *(zu Truffaldino)*. Zeig her.

Truffaldino. Jawohl, Signore. *(Überreicht zitternd das Blatt.)*

Beatrice. Was? Das ist ein Billett, das für mich bestimmt ist. Du Nichtsnutz! Werden denn meine Briefe immer geöffnet?

Truffaldino. Ich weiß von nichts, Signore ...

Beatrice. Da, seht, Signor Pantalone, ein Billett der

della signora Clarice, in cui mi avvisa delle pazze gelosie di Silvio, e questo briccone me l'apre.

Pantalone *(a Smeraldina)*. E ti, ti ghe tien terzo?

Smeraldina. Io non so niente, signore.

Beatrice. Chi l'ha aperto questo viglietto?

Truffaldino. Mi no.

Smeraldina. Nemmen io.

Pantalone. Mo chi l'ha portà?

Smeraldina. Truffaldino lo portava al suo padrone.

Truffaldino. E Smeraldina l'ha portà a Truffaldin.

Smeraldina *(da sè)*. Chiaccherone, non ti voglio più bene.

Pantalone. Ti, pettegola desgraziada, ti ha fatto sta bell'azion? Non so chi me tegna che no te daga una man in tel muso.

Smeraldina. Le mani nel viso non me le ha date nessuno; e mi maraviglio di voi.

Pantalone. Cussì ti me rispondi? *(Le va da vicino.)*

Smeraldina. Eh, non mi pigliate. Avete degli impedimenti che non potete correre. *(Parte correndo.)*

Pantalone. Desgraziada, te farò veder se posso correr; te chiaperò. *(Parte correndo dietro a Smeraldina.)*

SCENA XIX

Beatrice, Truffaldino, poi Florindo alla finestra della locanda.

Truffaldino *(da sè)*. Se savess come far a cavarme.

Beatrice *(da sè, osservando il viglietto)*. Povera Clarice, ella è disperata per la gelosia di Silvio; converrà ch'io mi scopra, e che la consoli.

Signora Clarice, worin sie mir von der wahnsinnigen Eifersucht Silvios berichtet. Und dieser Halunke hat es geöffnet!

Pantalone *(zu Smeraldina)*. Und du hast ihm wohl dabei geholfen?

Smeraldina. Ich weiß von nichts, Signore.

Beatrice. Wer hat dieses Billett geöffnet?

Truffaldino. Ich nicht.

Smeraldina. Ich auch nicht.

Pantalone. Wer hat's denn gebracht?

Smeraldina. Der Truffaldino hat's für seinen Herrn gebracht.

Truffaldino. Und die Smeraldina hat's dem Truffaldino gebracht.

Smeraldina *(für sich)*. Petzer, mit unserer Liebe ist's aus!

Pantalone. Du neugieriges Waschweib, also hast du's auf dem Gewissen! Ich weiß nicht, was mich davon zurückhält, dir eine Maulschelle zu geben!

Smeraldina. Eine Ohrfeige hat mir noch niemand verabreicht. Ich muß mich doch sehr über Euch wundern.

Pantalone. So antwortest du mir? *(Tritt auf sie zu.)*

Smeraldina. Ach, Ihr erwischt mich doch nicht. Ihr könnt ja gar nicht rennen. *(Läuft weg.)*

Pantalone. Du Biest, gleich werd ich dir zeigen, wie ich rennen kann. Ich krieg dich schon! *(Läuft hinter ihr her.)*

NEUNZEHNTE SZENE

Beatrice, Truffaldino, dann Florindo am Fenster des Gasthauses.

Truffaldino *(für sich)*. Wenn ich nur wüßt, wie ich mich da herausziehen könnt!

Beatrice *(für sich, das Billett lesend)*. Arme Clarice, Silvios Eifersucht bringt sie zur Verzweiflung; ich muß mich zu erkennen geben und sie trösten.

Truffaldino *(da sè).* Par che nol me veda. Vôi provar de andar via. *(Pian piano se ne vorrebbe andare.)*

Beatrice. Dove vai?
Truffaldino. Son qua. *(Si ferma.)*
Beatrice. Perchè hai aperta questa lettera?
Truffaldino. L'è stada Smeraldina. Signor, mi no so gnente.
Beatrice. Che Smeraldina? Tu sei stato, briccone. Una, e una due. Due lettere mi hai aperte in un giorno. Vieni qui.
Truffaldino *(accostandosi con paura).* Per carità, signor.
Beatrice. Vien qui, dico.
Truffaldino *(s'accosta tremando).* Per misericordia. *(Beatrice leva dal fianco di Truffaldino il bastone, e lo bastona ben bene, essendo voltata colla schiena alla locanda.)*
Florindo *(alla finestra della locanda).* Come! Si bastona il mio servitore? *(Parte dalla finestra.)*
Truffaldino. No più, per carità.
Beatrice. Tieni, briccone. Imparerai aprir le lettere. *(Getta il bastone per terra e parte.)*

SCENA XX

Truffaldino, poi Florindo dalla locanda.

Truffaldino *(dopo partita Beatrice).* Sangue de mi! Corpo de mi! Cussì se tratta coi omeni della me sorte? Bastonar un par mio? I servitori co no i serve, i se manda via, no i se bastona.

Florindo *(uscito dalla locanda non veduto da Truffaldino).* Che cosa dici?

Truffaldino *(da sè, avvedendosi di Florindo).* Oh!

Truffaldino *(für sich).* Anscheinend bemerkt er mich nicht. Mal sehen, ob ich mich davonmachen kann. *(Will sich fortschleichen.)*

Beatrice. Wohin gehst du?

Truffaldino *(stehenbleibend).* Da bin ich.

Beatrice. Warum hast du diesen Brief geöffnet?

Truffaldino. Das ist die Smeraldina gewesen, Signore, ich weiß von nichts.

Beatrice. Ach was! Die Smeraldina! Du bist es gewesen, Halunke! Eins und eins macht zwei. Zwei Briefe hast du mir an einem einzigen Tag geöffnet. Komm her!

Truffaldino *(voller Angst herantretend).* Um Gottes willen, Signore!

Beatrice. Komm her, habe ich gesagt!

Truffaldino *(zitternd herantretend).* Erbarmen! *(Beatrice nimmt den Stock von Truffaldinos Seite und prügelt ihn tüchtig durch; dabei steht sie mit dem Rücken zum Gasthaus.)*

Florindo *(am Fenster des Gasthauses).* Wie? Man prügelt meinen Diener? *(Vom Fenster weg.)*

Truffaldino. Nein, nicht mehr! Gnade!

Beatrice. So, du Kerl! Jetzt lernst du's, Briefe aufzumachen! *(Wirft den Stock weg, und ab.)*

ZWANZIGSTE SZENE

Truffaldino, dann Florindo, aus dem Gasthaus kommend.

Truffaldino *(nach Beatrices Abgang).* Bei meiner Ehr und Seligkeit! So behandelt man einen wie mich? Menschen meines Schlags verprügelt man? Wenn man einen Diener nicht brauchen kann, dann schickt man ihn weg, aber man prügelt ihn nicht!

Florindo *(ist aus dem Gasthaus herausgekommen, ohne von Truffaldino bemerkt worden zu sein).* Was sagst du da?

Truffaldino *(für sich, Florindo sehend).* Oh! *(In die*

(Verso la parte per dove è andata Beatrice.) No se bastona i servitori dei altri in sta maniera. Quest l'è un affronto, che ha ricevudo el me patron.

Florindo. Sì, è un affronto che ricevo io. Chi è colui che ti ha bastonato?

Truffaldino. Mi no lo so, signor: nol conosso.

Florindo. Perchè ti ha battuto?

Truffaldino. Perchè ... perchè gh'ho spudà su una scarpa.

Florindo. E ti lasci bastonare così? E non ti muovi, e non ti difendi nemmeno? Ed esponi il tuo padrone ad un affronto, ad un precipizio? Asino, poltronaccio che sei. *(Prende il bastone di terra.)* Se hai piacere a essere bastonato, ti darò gusto, ti bastonerò ancora io. *(Lo bastona e poi entra nella locanda.)*

Truffaldino. Adesso posso dir che son servitor de do padroni. Ho tirà el salario da tutti do. *(Entra nella locanda.)*

Richtung sprechend, in der Beatrice weggegangen ist.) Anderer Leute Diener verprügelt man nicht so! Das ist eine Beleidigung für meinen Herrn!

Florindo. Ja, das ist eine Beleidigung für mich. Wer ist derjenige, der dich verprügelt hat?

Truffaldino. Das weiß ich nicht, Signore. Ich kenn ihn nicht.

Florindo. Weshalb hat er dich verprügelt?

Truffaldino. Weil ... weil ich ihm auf den einen Schuh gespuckt hab.

Florindo. Und da läßt du dich so verprügeln? Und rührst dich nicht und wehrst dich nicht dagegen? Und setzt deinen Herrn einer Beleidigung, einer Herausforderung aus? Du Esel! Du Faultier! *(Hebt den Stock vom Boden auf.)* Wenn du dich gern prügeln läßt, dann kann ich dir helfen, dann kriegst du sie auch von mir. *(Verprügelt ihn, und wieder zurück ins Gasthaus.)*

Truffaldino. Jetzt kann ich sagen, daß ich der Diener zweier Herren bin. Von allen beiden hab ich meinen Lohn bekommen. *(Ab ins Gasthaus.)*

ATTO TERZO

SCENA PRIMA

Sala della locanda con varie porte.

Truffaldino solo, poi cameriere e garzone.

Truffaldino. Con una scorladina ho mandà via tutto el dolor delle bastonade; ma ho magnà ben, ho disnà ben, e sta sera cenerò meio, e fin che posso vôi servir do patroni, tanto almanco che podesse tirar do salari. Adess mo coss'oio da far? El primo patron l'è fora de casa, el segondo dorme; poderia giust adesso dar un poco de aria ai abiti; tirarli fora dei bauli, e vardar se i ha bisogno de niente. Ho giusto le chiavi. Sta sala l'è giusto a proposito. Tirerò fora i bauli, e farò pulito. Bisogna che me fazza aiutar. Camerieri. *(Chiama.)*

Cameriere *(viene in compagnia d'un garzone).* Che volete?

Truffaldino. Voria che me dessi una man a tirar fora certi bauli da quelle camere, per dar un poco de aria ai vestidi.

Cameriere *(al garzone).* Andate: aiutategli.

Truffaldino. Andemo, che ve darò de bona man una porzion de quel regalo, che m'ha fatto i me patroni. *(Entra in una camera col garzone.)*

Cameriere. Costui pare sia un buon servitore. È lesto, pronto, attentissimo; però qualche difetto anch'egli avrà. Ho servito anch'io, e so come la va. Per amore non si fa niente. Tutto si fa o per pelar il padrone, o per fidarlo.

Truffaldino *(dalla suddetta camera col garzone, portando fuori un baule).* A pian; mettemolo qua. *(Lo posano in mezzo alla sala.)* Andemo a tor st'altro. Ma

DRITTER AKT

ERSTE SZENE

Gasthausdiele mit verschiedenen Türen.

Truffaldino allein, dann Kellner und Knecht.

Truffaldino. Ich hab mich ein paarmal geschüttelt, und jetzt sind die Prügelschmerzen weg. Dafür hab ich auch rechtschaffen und gut gespeist, und heut abend werd ich noch besser speisen; und solange ich kann, will ich zwei Herren dienen, dann bekomm ich zweimal Lohn. Und was soll ich jetzt tun? Der erste Herr ist aus dem Haus, und der zweite liegt im Bett. Eigentlich könnt ich die Kleider ein bißchen lüften; ich hol sie aus den Koffern und schau nach, ob was gemacht werden muß. Ich hab ja die Schlüssel, und diese Diele ist wie geschaffen dafür. Also holen wir die Koffer und gehen ans Werk. Aber ich brauch Unterstützung. *(Rufend.)* Bedienung!

Kellner *(in Begleitung eines Knechts)*. Was wollt Ihr?

Truffaldino. Ich möchte gern, daß Ihr mir helft, ein paar Koffer aus den Zimmern zu tragen, damit man die Kleider lüften kann.

Kellner *(zum Knecht)*. Na, helft ihm.

Truffaldino. Gehen wir. Ich will Euch auch gern einen Teil von dem abgeben, was ich von meinem Herrn gekriegt habe. *(Mit dem Knecht in eines der Zimmer.)*

Kellner. Scheint ein brauchbarer Diener zu sein. Er ist gewandt, immer zur Stelle und sehr aufmerksam; aber irgendwo hapert's bestimmt auch bei ihm. Ich bin selbst früher in Dienst gestanden, und ich weiß, wie das ist. Aus purer Liebe tut man nichts. Man tut doch alles nur, um seinen Herrn zu rupfen oder um ihn auszuschmieren.

Truffaldino *(gemeinsam mit dem Knecht einen Koffer aus obigem Zimmer heraustragend)*. Nur langsam. Stellen wir ihn hierher. *(Sie stellen den Koffer mitten in*

femo a pian, che el padron l'è in quell'altra stanza, che el dorme. *(Entra col garzone nella camera di Florindo.)*

Cameriere. Costui o è un grand'uomo di garbo, o è un gran furbo: servir due persone in questa maniera non ho più veduto. Davvero voglio stare un po' attento; non vorrei che un giorno o l'altro, col pretesto di servir due padroni, tutti due li spogliasse.

Truffaldino *(dalla suddetta camera col garzone con l'altro baule)*. E questo mettemolo qua. *(Lo posano in poca distanza da quell'altro. Al garzone.)* Adesso, se volè andar, andè, che no me occorre altro.

Cameriere *(al garzone che se ne va)*. Via, andate in cucina. *(A Truffaldino.)* Avete bisogno di nulla?

Truffaldino. Gnente affatto. I fatti mii li fazzo da per mi.

Cameriere. Oh va, che sei un omone; se la duri, ti stimo. *(Parte.)*

Truffaldino. Adesso farò le cosse pulito, con quiete, e senza che nissun me disturba. *(Tira fuori di tasca una chiave.)* Qual ela mo sta chiave? Qual averzela de sti do bauli? proverò. *(Apre un baule.)* L'ho indovinada subito. Son el primo omo del mondo. E st'altra averzirà quell'altro. *(Tira fuori di tasca l'altra chiave, e apre l'altro baule.)* Eccoli averti tutti do. Tiremo fora ogni cossa. *(Leva li abiti da tutti due li bauli e li posa sul tavolino, avvertendo che in ciaschedun baule vi sia un abito di panno nero, dei libri e delle scritture, e altre cose a piacere.)* Voio un po veder, se gh'è niente in te le scarselle. Delle volte i ghe mette dei buzzolai, dei confetti. *(Visita le tasche del vestito nero di Beatrice,*

der Diele ab.) Und jetzt holen wir den andern. Aber wir müssen leise machen. Mein Herr ist nämlich in seinem Zimmer und schläft. *(Mit dem Knecht in Florindos Zimmer.)*

Kellner. Entweder ist er ein Prachtstück oder ein ganz geriebener Bursche: daß man auf solche Art zwei Personen bedient, habe ich noch nie erlebt. Ich will ein bißchen aufpassen. Ich möchte doch nicht, daß er mit dem Vorwand, zwei Herren zu dienen, schließlich zwei Herren ausnimmt.

Truffaldino *(gemeinsam mit dem Knecht den anderen Koffer aus obigem Zimmer tragend).* Und den stellen wir hierher. *(Sie stellen ihn in die Nähe des anderen. Zum Knecht.)* Wenn Ihr jetzt gehen wollt, ich brauch Euch nicht mehr.

Kellner *(zum Knecht, der hinausgeht).* Geht schon in die Küche. *(Zu Truffaldino.)* Braucht Ihr sonst noch etwas?

Truffaldino. Gar nichts. Meinen Kram mach ich mir allein.

Kellner. Na, du bist ja auch ganz groß! Alle Hochachtung, wenn du's überdauerst! *(Ab.)*

Truffaldino. Jetzt werd ich alles fein säuberlich und in Ruhe besorgen, und ohne daß mich einer dabei stört. *(Zieht einen Schlüssel aus der Tasche.)* Wohin paßt jetzt der Schlüssel? Zu welchem Koffer gehört der? Ich will's versuchen. *(Öffnet den einen Koffer.)* Hab's gleich erraten. Bin doch ein Kerl, der auf der ganzen Welt nicht seinesgleichen hat! Und der andere Schlüssel paßt in den anderen Koffer. *(Holt den anderen Schlüssel aus der Tasche und öffnet den zweiten Koffer.)* Jetzt sind sie beide offen. Raus mit dem ganzen Inhalt! *(Holt die Kleider aus beiden Koffern heraus und legt sie auf den Tisch; in jedem der beiden Koffer befindet sich ein Anzug aus schwarzem Tuch, Bücher, Schriftstücke und andere Dinge nach Belieben.)* Schauen wir nach, ob nichts in den Taschen geblieben ist. Manchmal stecken sie sich Kringelgebackenes oder Bonbons ein. *(Untersucht die Taschen*

e vi trova un ritratto.) Oh bello! Che bel ritratto! Che bell'omo! De chi saral sto ritratto? L'è un'idea, che me par de cognosser, e no me l'arecordo. El ghe someia un tantinin all'alter me patron; ma no, nol gh'ha nè sto abito, nè sta perucca.

SCENA II

Florindo nella sua camera, e detto.

Florindo *(chiamandolo dalla camera).* Truffaldino.

Truffaldino. O sia maledetto! El s'ha sveià. Se el diavol fa che el vegna fora, e el veda st'alter baul, el vorrà saver ... Presto, presto lo serrerò; e dirò che non so de chi el sia. *(Va riponendo le robe.)*

Florindo *(come sopra).* Truffaldino.

Truffaldino *(risponde forte).* La servo. *(Da sè.)* Che metta via la roba. Ma! No me recordo ben sto abito dove che el vada. E ste carte no me recordo dove che le fusse.

Florindo *(come sopra).* Vieni, o vengo a prenderti con un bastone?

Truffaldino *(forte come sopra).* Vengo subito. *(Da sè.)* Presto, avanti che el vegna. Co l'anderà fora de casa, giusterò tutto. *(Mette le robe a caso nei due bauli, e li serra.)*

Florindo *(esce dalla sua stanza in veste da camera).* Che cosa diavolo fai?

Truffaldino. Caro signor, no m'hala dito che repulissa i panni? Era qua che fava l'obbligo mio.

von Beatrices schwarzem Anzug und findet ein Bild.) Wunderbar! Was für ein herrliches Bild! Und was für ein hübscher Mann! Wer kann das sein? Ich hab den Eindruck, als würd ich ihn kennen; aber wo soll ich ihn nur hinstecken? Er sieht mir ja ein bißchen nach meinem andern Herrn aus. Ach was! Der ist nicht so angezogen, und so eine Perücke hat er auch nicht!

ZWEITE SZENE

Florindo, in seinem Zimmer, und der Vorige.

Florindo *(aus seinem Zimmer rufend).* Truffaldino!

Truffaldino. Ach, verdammt! Jetzt ist er wach geworden. Wenn ihn der Teufel raustreibt, dann kommt er noch her, sieht den andern Koffer und will wissen... Rasch, rasch, ich muß ihn wieder verschließen. Und dann sag ich, daß ich nicht weiß, wem er gehört. *(Packt die Koffer wieder ein.)*

Florindo *(wie oben).* Truffaldino!

Truffaldino *(laut antwortend).* Bin gleich zu Diensten! *(Für sich.)* Ich muß doch erst das Zeug einpacken. Du liebe Güte! Jetzt weiß ich nicht mehr, wohin dieser Anzug gehört. Und wo diese Papiere gewesen sind, weiß ich auch nicht mehr.

Florindo *(wie oben).* Erscheinst du jetzt, oder soll ich dir mit dem Stock Beine machen?

Truffaldino *(laut, wie oben).* Bin gleich da! *(Für sich.)* Rasch, bevor er kommt! Wenn er nachher aus dem Haus geht, bring ich alles wieder in Ordnung. *(Wirft die Sachen durcheinander in die beiden Koffer und verschließt sie.)*

Florindo *(im Schlafrock aus seinem Zimmer kommend).* Was zum Teufel treibst du denn?

Truffaldino. Lieber Signore, haben Sie mir nicht aufgetragen, ich soll Ihre Kleidung nachsehen? Ich hab hier meine Pflicht getan.

Florindo. E quell' altro baule di chi è?

Truffaldino. No so gnente; el sarà d'un altro forestier.

Florindo. Dammi il vestito nero.

Truffaldino. La servo. *(Apre il baule di Florindo, e gli dà il suo vestito nero; Florindo si fa levare la veste da camera, e si pone il vestito; poi, mettendo le mani in tasca, trova il ritratto.)*

Florindo *(maravigliandosi del ritratto)*. Che è questo?

Truffaldino *(da sè)*. Oh diavolo! Ho falà. In vece de metterlo in tel vestido de quel alter, l'ho mess in questo. El color m'ha fatto fallar.

Florindo *(da sè)*. Oh cieli! Non m'inganno io già. Questo è il mio ritratto; il mio ritratto che donai io medesimo alla mia cara Beatrice. *(A Truffaldino.)* Dimmi, tu, come è entrato nelle tasche del mio vestito questo ritratto, che non vi era?

Truffaldino *(da sè)*. Adesso mo no so come covrirla. Me inzegnerò.

Florindo. Animo, dico; parla, rispondi. Questo ritratto, come nelle mie tasche?

Truffaldino. Caro signor patron, la compatissa la confidenza che me son tolto. Quel ritratt l'è roba mia; per no perderlo l'aveva nascosto là drento. Per amor del ciel, la me compatissa.

Florindo. Dove hai avuto questo ritratto?

Truffaldino. L'ho eredità dal me patron.

Florindo. Ereditato?

Truffaldino. Sior sì, ho servido un patron, l'è morto, el m'ha lassà delle bagatelle, che le ho vendue, e m'è restà sto ritratt.

Florindo. Oimè! Quanto tempo è che è morto questo tuo padrone?

Florindo. Und wem gehört der andere Koffer?

Truffaldino. Ich weiß von nichts. Wahrscheinlich einem andern Fremden.

Florindo. Gib mir meinen schwarzen Anzug.

Truffaldino. Bitt schön! *(Öffnet Florindos Koffer und reicht ihm seinen schwarzen Anzug. Florindo läßt sich beim Ausziehen des Schlafrocks helfen und zieht den Anzug an; steckt die Hände in die Taschen und findet das Bild.)*

Florindo *(sich über das Bild wundernd).* Was ist denn das?

Truffaldino *(für sich).* Teufel noch mal! Das hab ich falsch gemacht. Das Bild gehört in den andern Anzug, und ich hab's in den gesteckt. Die gleiche Farbe hat mich verwirrt.

Florindo *(für sich).* Himmel! Ich traue meinen Augen nicht! Das ist mein Bild. Mein Bild, das ich selbst meiner lieben Beatrice geschenkt habe. *(Zu Truffaldino.)* Hör zu! Wie kommt dieses Bild, das vorher nicht dort gewesen ist, in die Tasche meines Anzugs?

Truffaldino *(für sich).* Jetzt weiß ich nicht mehr, wie ich's vertuschen soll. Ich muß scharf nachdenken.

Florindo. Los, sprich, gib Antwort! Wie ist dieses Bild in meine Tasche gekommen?

Truffaldino. Lieber Signore, entschuldigen Sie gütigst die Vertrautheit, die ich mir herausgenommen hab. Das Bild gehört mir. Und damit ich's nicht verlier, hab ich's da versteckt. Verzeihen Sie mir um Gottes willen!

Florindo. Wie bist du zu diesem Bild gekommen?

Truffaldino. Ich hab's von meinem Herrn geerbt.

Florindo. Geerbt?

Truffaldino. Jawohl, Sior. Ich hab einem Herrn gedient, und der ist gestorben und hat mir ein paar Kleinigkeiten vermacht, die ich verkauft hab, bis auf das Bild hier.

Florindo. Oh! Wie lange ist es her, daß dein Herr gestorben ist?

Truffaldino. Sarà una settimana. *(Da sè.)* Digo quel che me vien alla bocca.

Florindo. Come chiamavasi questo tuo padrone?

Truffaldino. Nol so, signor; el viveva incognito.

Florindo. Incognito? Quanto tempo lo hai tu servito?

Truffaldino. Poco; diese o dodese zorni.

Florindo. Oh cieli! Sempre più tremo, che non sia stata Beatrice! Fuggì in abito d'uomo ... viveva incognita ... *(Da sè.)* Oh me infelice, se fosse vero!

Truffaldino *(da sè)*. Col crede tutto, ghe ne racconterò delle belle.

Florindo *(con affanno)*. Dimmi, era giovine il tuo padrone?

Truffaldino. Sior sì, zovene.

Florindo. Senza barba?

Truffaldino. Senza barba.

Florindo *(da sè, sospirando)*. Era ella senz'altro.

Truffaldino *(da sè)*. Bastonade spereria de no ghe n'aver.

Florindo. Sai la patria almeno del tuo defonto padrone?

Truffaldino. La patria la saveva, e no me l'arecordo.

Florindo. Torinese forse?

Truffaldino. Sior sì, Turinese.

Florindo *(da sè)*. Ogni accento di costui è una stoccata al mio cuore. *(A Truffaldino.)* Ma dimmi: è egli veramente morto questo giovine Torinese?

Truffaldino. L'è morto siguro.

Florindo. Di qual male è egli morto?

Truffaldino. Gh'è vegnù un accidente, e l'è andà. *(Da sè.)* Cussì me destrigo.

Florindo. Dove è stato sepolto?

Truffaldino. Ungefähr eine Woche. *(Für sich.)* Ich rede, was mir gerade in den Sinn kommt.

Florindo. Wie hieß dein Herr?

Truffaldino. Das weiß ich nicht, Signore; er lebte inkognito.

Florindo. Inkognito? Wie lange hast du ihm denn gedient?

Truffaldino. Nicht lange. Zehn oder zwölf Tage.

Florindo. Himmel! Ich fürchte immer mehr, es war Beatrice! Sie floh in Männerkleidern ... lebte inkognito ... *(Für sich.)* Oh, ich Unglücklicher, wenn dies stimmte!

Truffaldino *(für sich)*. Wenn der alles glaubt, kann ich ihm alles weismachen.

Florindo *(gequält)*. War dein Herr jung?

Truffaldino. Jawohl, Sior, er war jung.

Florindo. Bartlos?

Truffaldino. Bartlos.

Florindo *(für sich, seufzend)*. Das kann nur sie gewesen sein!

Truffaldino *(für sich)*. Prügel krieg ich jetzt wohl keine.

Florindo. Weißt du wenigstens, wo dein verstorbener Herr beheimatet war?

Truffaldino. Das wußte ich, aber ich weiß es nicht mehr.

Florindo. Etwa in Turin?

Truffaldino. Jawohl, Sior, in Turin.

Florindo *(für sich)*. Jedes Wort von ihm ist ein Degenstich in mein Herz. *(Zu Truffaldino.)* Und dieser junge Turiner ist wirklich gestorben?

Truffaldino. Er ist wirklich gestorben.

Florindo. Woran ist er gestorben?

Truffaldino. Er bekam einen Schlag, und weg war er. *(Für sich.)* So komm ich am besten weg!

Florindo. Wo ist er begraben worden?

T r u f f a l d i n o *(da sè).* Un altro imbroio. *(A Florindo.)* No l'è stà sepolto, signor; perchè un alter servitor, so patrioto, l'ha avù la licenza de metterlo in t'una cassa, e mandarlo al so paese.

F l o r i n d o. Questo servitore era forse quello che ti fece stamane ritirar dalla Posta quella lettera?

T r u f f a l d i n o. Sior sì, giusto Pasqual.

F l o r i n d o *(da sè).* Non vi è più speranza. Beatrice è morta. Misera Beatrice! i disagi del viaggio, i tormenti del cuore l'avranno uccisa. Oimè! non posso reggere all'eccesso del mio dolore. *(Entra nella sua camera.)*

SCENA III

Truffaldino, poi Beatrice e Pantalone.

T r u f f a l d i n o. Coss'è st'imbroio? L'è addolorà, el pianze, el se despera. No voria mi co sta favola averghe sveià l'ipocondria. Mi l'ho fatto per schivar el complimento delle bastonade, e per no scovrir l'imbroio dei do bauli. Quel ritratto gh'ha fatto mover i vermi. Bisogna che el lo conossa. Orsù, l'è mei che torna a portar sti bauli in camera, e che me libera da un'altra seccatura compagna. Ecco qua quell'alter patron. Sta volta se divide la servitù, e se me fa el ben servido. *(Accennando le bastonate.)*

B e a t r i c e. Credetemi, signor Pantalone, che l'ultima partita di specchi e cere è duplicata.

P a n t a l o n e. Poderia esser che i zoveni avesse falà. Faremo passar i conti un'altra volta col scrittural, incontreremo e vederemo la verità.

B e a t r i c e. Ho fatto anch'io un estratto di diverse

Truffaldino *(für sich).* Schon wieder in der Zwickmühle. *(Zu Florindo.)* Er ist nicht begraben worden, Signore. Ein anderer Diener, ein Landsmann von ihm, hat die Erlaubnis bekommen, ihn in einen Sarg zu legen und nach Haus zu schicken.

Florindo. War das vielleicht der nämliche Diener, der dich heute morgen jenen Brief von der Post holen ließ?

Truffaldino. Jawohl, Sior. Eben der Pasquale.

Florindo *(für sich).* Da ist jede Hoffnung dahin. Beatrice ist gestorben. Arme, bedauernswerte Beatrice! Die Unbilden der Reise und ihre Herzensnot haben sie in den Tod getrieben. Oh! Ich kann diesen großen Schmerz nicht verwinden! *(Ab in sein Zimmer.)*

DRITTE SZENE

Truffaldino, dann Beatrice und Pantalone.

Truffaldino. Was soll das jetzt bedeuten? Er betrübt sich, weint und ist ganz verzweifelt. Ich möcht doch nicht, daß er durch meine Märchen noch schwermütig wird. Und ich hab's auch nur getan, um nicht wieder mit dem Prügel Bekanntschaft zu machen, und damit er mir nicht hinter die Geschichte mit den beiden Koffern kommt. Das mit dem Bild ist ihm ja in die Knochen gefahren! Bestimmt kennt er den. Es wird besser sein, wir schaffen die Koffer in ihre Zimmer, sonst gibt's noch mal so eine Schererei. Da kommt ja mein anderer Herr. Aus ist der Traum mit dem zweigeteilten Dienst, jetzt krieg ich meinen Laufpaß! *(Deutet Prügel an.)*

Beatrice. Glaubt mir, Signor Pantalone, die letzte Partie Spiegel und Wachse ist zweimal fakturiert.

Pantalone. Vielleicht haben auch die Kontorgehilfen einen Fehler gemacht. Wir lassen die Rechnungen noch mal vom Buchhalter kontrollieren, dann werden wir ja sehen.

Beatrice. Ich habe mir auch verschiedene Posten aus

partite cavate dai nostri libri. Ora lo riscontreremo. Può darsi che si dilucidi o per voi, o per me. Truffaldino?

Truffaldino. Signor.

Beatrice. Hai tu le chiavi del mio baule?

Truffaldino. Sior sì; eccole qua.

Beatrice. Perchè l'hai portato in sala il mio baule?

Truffaldino. Per dar un poco de aria ai vestidi.

Beatrice. Hai fatto?

Truffaldino. Ho fatto.

Beatrice. Apri e dammi ... Quell' altro baule di chi è?

Truffaldino. L'è d'un altro forestier, che è arrivado.

Beatrice. Dammi un libro di memorie, che troverai nel baule.

Truffaldino. Sior sì. *(Da sè.)* El ciel me la manda bona. *(Apre e cerca il libro.)*

Pantalone. Pol esser, come ghe digo, che i abbia falà. In sto caso, error no fa pagamento.

Beatrice. E può essere che così vada bene; lo riscontreremo.

Truffaldino. Elo questo? *(Presenta un libro di scritture a Beatrice.)*

Beatrice. Sarà questo. *(Lo prende senza molto osservarlo, e lo apre.)* No, non è questo ... Di chi è questo libro?

Truffaldino *(da sè)*. L'ho fatta.

Beatrice *(da sè)*. Queste sono due lettere da me scritte a Florindo. Oimè! Queste memorie, questi conti appartengono a lui. Sudo, tremo, non so in che mondo mi sia.

Pantalone. Cossa gh'è, sior Federigo? Se sentelo niente?

unsern Büchern abgeschrieben. Möglicherweise wird sich der Irrtum für Euch oder für mich klären. Truffaldino!

Truffaldino. Signore.

Beatrice. Hast du die Schlüssel zu meinem Koffer?

Truffaldino. Jawohl, Signore; hier sind sie.

Beatrice. Warum hast du meinen Koffer in die Diele gestellt?

Truffaldino. Um die Kleidung ein bißchen zu lüften.

Beatrice. Hast du's gemacht?

Truffaldino. Ich hab's gemacht.

Beatrice. Schließ auf und gibt mir ... Wem gehört denn der andere Koffer?

Truffaldino. Einem andern Fremden, der hier abgestiegen ist.

Beatrice. Gib mir das Merkbuch, das im Koffer liegt.

Truffaldino. Jawohl, Sior. *(Für sich.)* Der Himmel schickt's mir gnädig. *(Öffnet und sucht das Buch.)*

Pantalone. Ich meine, es kann schon sein, daß man sich hier geirrt hat. Eine falsche Rechnung ist keine Rechnung.

Beatrice. Es wäre aber auch möglich, daß es doch stimmte; nun, wir werden sehen.

Truffaldino. Ist es das da? *(Übergibt Beatrice ein Notizbuch.)*

Beatrice. Gewiß. *(Nimmt es, ohne es genauer zu betrachten, und öffnet es.)* Nein, das ist es ja gar nicht ... Wem gehört dieses Merkbuch?

Truffaldino *(für sich)*. Hab ich's doch wieder mal geschafft!

Beatrice *(für sich)*. Hier sind zwei Briefe, die ich Florindo geschrieben hatte. O weh! Diese Notizen, diese Abrechnungen sind von ihm. Mir bricht der kalte Schweiß aus, ich bebe, ich weiß nicht, wie mir ist.

Pantalone. Was gibt's denn, Sior Federigo? Ist Ihnen nicht gut?

Beatrice. Niente. *(Piano a Truffaldino.)* Truffaldino, come nel mio baule evvi questo libro, che non è mio?

Truffaldino. Mi no saveria ...

Beatrice. Presto, non ti confondere, dimmi la verità.

Truffaldino. Ghe domando scusa dell'ardir, che ho avudo de metter quel libro in tel so baul. L'è roba mia, e per non perderlo l'ho messo là. *(Da sè.)* L'è andada ben con quell'alter, pol esser che la vada ben anca con questo.

Beatrice. Questo libro è tuo, e non lo conosci, e me lo dai in vece del mio?

Truffaldino *(da sè).* Oh questo l'è ancora più fin. *(A Beatrice.)* Ghe dirò: l'è poc tempo che l'è mio, e cussì subito no lo conosso.

Beatrice. E dove hai avuto tu questo libro?

Truffaldino. Ho servido un padron a Venezia, che l'è morto, e ho eredità sto libro.

Beatrice. Quanto tempo è?

Truffaldino. Che soio mi? Dies o dodese zorni.

Beatrice. Come può darsi, se io ti ho ritrovato a Verona?

Truffaldino. Giust allora vegniva via da Venezia per la morte del me padron.

Beatrice *(da sè).* Misera me! *(A Truffaldino.)* Questo tuo padrone aveva nome Florindo?

Truffaldino. Sior sì, Florindo.

Beatrice. Di famiglia Aretusi?

Truffaldino. Giusto, Aretusi.

Beatrice. Ed è morto sicuramente?

Truffaldino. Sicurissimamente.

Beatrice. Di che male è egli morto? Dave è stato sepolto?

Truffaldino. L'è cascà in canal, el s'ha negà, e nol s'ha più visto.

Beatrice. Doch. *(Leise zu Truffaldino.)* Truffaldino, wie kam dieses Buch, das mir nicht gehört, in meinen Koffer?

Truffaldino. Das kann ich mir nicht erklären ...

Beatrice. Rasch, überleg nicht lange, sag mir die Wahrheit!

Truffaldino. Ich bitt Sie um Verzeihung, daß ich mir herausgenommen hab, das Buch in Ihren Koffer zu legen. Es gehört mir, und um's nicht zu verlieren, hab ich's da hineingetan. *(Für sich.)* Das ist bei dem andern gut gegangen, vielleicht verfängt's auch bei dem hier.

Beatrice. Das Buch gehört dir, und du kennst es nicht und gibst es mir als meines?

Truffaldino *(für sich)*. Oho, der ist noch gescheiter! *(Zu Beatrice.)* Ja, wissen Sie, ich hab's noch nicht lang, und da hab ich's nicht gleich erkannt.

Beatrice. Und wie bist du zu diesem Buch gekommen?

Truffaldino. Ich hab in Venedig bei einem Herrn gedient, und der ist gestorben und hat mir das Buch vermacht.

Beatrice. Wie lange ist das her?

Truffaldino. Weiß ich's? Zehn oder zwölf Tage.

Beatrice. Wie ist das möglich, da ich dich doch in Verona getroffen habe?

Truffaldino. Da kam ich gerade aus Venedig, weil mein Herr gestorben war.

Beatrice *(für sich)*. Ich Unglückliche! *(Zu Truffaldino.)* Hieß dein Herr etwa Florindo?

Truffaldino. Jawohl, Sior, Florindo.

Beatrice. Mit Familiennamen Aretusi?

Truffaldino. Ganz recht, Aretusi.

Beatrice. Und er ist bestimmt gestorben?

Truffaldino. Ganz bestimmt.

Beatrice. Woran ist er gestorben? Wo wurde er begraben?

Truffaldino. Er ist in den Kanal gefallen, ertrunken, und man hat ihn nicht wieder gesehen.

Beatrice. Oh me infelice! Morto è Florindo, morto è il mio bene, morta è l'unica mia speranza. A che ora mi serve questa inutile vita, se morto è quello per cui unicamente viveva? Oh vane lusinghe! Oh cure gettate al vento! Infelici stratagemmi d'amore! Lascio la patria, abbandono i parenti, vesto spoglie virili, mi avventuro ai pericoli, azzardo la vita istessa, tutto fo per Florindo, e il mio Florindo è morto. Sventurata Beatrice! Era poco la perdita del fratello, se non ti si aggiungeva quella ancor dello sposo? Alla morte di Federigo volle il cielo che succedesse quella ancor di Florindo. Ma se io fui la cagione delle morti loro, se io sono la rea, perchè contro di me non s'arma il cielo a vendetta? Inutile è il pianto, vane son le querele, Florindo è morto. Oimè! Il dolore mi opprime. Più non veggo la luce. Idolo mio, caro sposo, ti seguirò disperata. *(Parte smaniosa, ed entra nella sua camera.)*

Pantalone *(inteso con ammirazione tutto il discorso, e la disperazione di Beatrice).* Truffaldino!

Truffaldino. Sior Pantalon!

Pantalone. Donna!

Truffaldino. Femmena!

Pantalone. Oh che caso!

Truffaldino. Oh che maraveia!

Pantalone. Mi resto confuso.

Truffaldino. Mi son incantà.

Pantalone. Ghe lo vado a dir a mia fia. *(Parte.)*

Truffaldino. Non son più servitor de do padroni, ma de un patron e de una patrona. *(Parte.)*

Beatrice. O ich Bedauernswerte! Florindo, mein ein und alles, ist tot! Was soll mir jetzt dieses unnütze Leben, da er tot ist, dem allein es gegolten hat? O eitle Hoffnungen! O vergebliche Mühen! Unheilvolle Liebeslisten! Ich verlasse Heimat und Anverwandte, lege Männerkleider an, begebe mich in Gefahr, fordere das Leben selbst heraus, tu all dies für Florindo, und mein Florindo ist tot! Unglückselige Beatrice! War der Verlust des Bruders noch zu wenig, daß erst der des Bräutigams hinzukommen mußte? Nicht genug mit dem Tode Federigos, der Himmel forderte auch den Florindos. Doch bin ich die Ursache ihres Todes gewesen, bin ich die Schuldige: warum wendet sich der Himmel dann nicht voller Rache gegen mich? Unnütz ist alles Weinen und eitel alles Rechten, mein Florindo ist tot. Oh, dieser Schmerz erdrückt mich! Ich sehe keinen Lichtblick mehr. Mein teurer, mein lieber Bräutigam, voller Verzweiflung werde ich dir nachfolgen. *(In äußerster Erregung in ihr Zimmer.)*

Pantalone *(der erstaunt Beatrices Worte und Verzweiflung vernommen hat).* Truffaldino!

Truffaldino. Sior Pantalone!

Pantalone. Eine Frau!

Truffaldino. Ein Weib!

Pantalone. Was für eine Überraschung!

Truffaldino. Was für ein Wunder!

Pantalone. Ich bin ganz durcheinander.

Truffaldino. Ich bin ganz sprachlos.

Pantalone. Das sag ich meiner Tochter! *(Ab.)*

Truffaldino. Jetzt bin ich nicht mehr der Diener zweier Herren, sondern eines Herrn und einer Herrin. *(Ab.)*

SCENA IV

Strada colla locanda.

Dottore, poi Pantalone dalla locanda.

Dottore. Non mi posso dar pace di questo vecchiaccio di Pantalone. Più che ci penso, più mi salta la bile.

Pantalone *(con allegria)*. Dottor caro, ve reverisso.

Dottore. Mi maraviglio che abbiate anche tanto ardire di salutarmi.

Pantalone. V'ho da dar una nova. Sappiè ...

Dottore. Volete forse dirmi che avete fatto le nozze? Non me n'importa un fico.

Pantalone. No xe vero gnente. Lasseme parlar in vostra malora.

Dottore. Parlate che il canchero vi mangi.

Pantalone *(da sè)*. Adessadesso me vien voggia de dottorarlo a pugni. *(Al Dottore.)* Mia fia, se volè, la sarà muggier de vostro fio.

Dottore. Obbligatissimo, non v'incomodate. Mio figlio non è di sì buono stomaco. Datela al signor Torinese.

Pantalone. Co saverè chi xe quel Turinese, no dirè cussì.

Dottore. Sia chi esser si voglia. Vostra figlia è stata veduta con lui, et hoc sufficit.

Pantalone. Ma no xe vero che el sia ...

Dottore. Non voglio sentir altro.

Pantalone. Se no me ascolterè, sarà pezo per vu.

Dottore. Lo vedremo per chi sarà peggio.

Pantalone. Mia fia la xe una putta onorata; e quella ...

VIERTE SZENE

Straße mit dem Gasthaus.

Der Dottore, dann Pantalone, aus dem Gasthaus kommend.

Dottore. Ich kann mich doch nicht genug über diesen nichtswürdigen alten Pantalone ärgern. Je mehr ich daran denke, desto mehr geht mir die Galle über.

Pantalone *(freudig)*. Meine Ehrerbietung, lieber Dottore.

Dottore. Ich wundere mich, daß Ihr noch die Vermessenheit besitzt, mich zu grüßen.

Pantalone. Ich habe eine Neuigkeit für Euch. Wißt ...

Dottore. Wollt Ihr mir vielleicht berichten, daß Ihr die Hochzeit gemacht habt? Das rührt mich überhaupt nicht.

Pantalone. Keine Spur! Laßt mich reden, und wenn's Euch noch so zuwider ist!

Dottore. Redet, bis Ihr die Schwindsucht kriegt!

Pantalone *(für sich)*. Den möcht ich jetzt am liebsten mit Fäusten verdoktern! *(Zum Dottore.)* Wenn Ihr wollt, wird meine Tochter Euern Sohn ehelichen.

Dottore. Äußerst verbunden; übernehmt Euch bloß nicht. Mein Sohn hat einen sensiblen Magen. Gebt sie dem Turiner.

Pantalone. Wenn Ihr wüßtet, wer dieser Turiner ist, würdet ihr nicht so reden.

Dottore. Soll er doch sein, wer er mag. Eure Tochter wurde mit ihm zusammen gesehen, et hoc sufficit*.

Pantalone. Aber es stimmt ja nicht, daß er ...

Dottore. Ich will kein Wort mehr hören.

Pantalone. Wenn Ihr mich nicht anhört, habt Ihr selbst den Schaden.

Dottore. Das werden wir ja sehen, wer den Schaden hat!

Pantalone. Meine Tochter ist ein ehrbares Mädchen; und jene ...

* (lat.) und das genügt (Anmerkung des Übersetzers).

Dottore. Il diavolo che vi porti.

Pantalone. Che ve strascina.

Dottore. Vecchio senza parola, e senza riputazione. *(Parte.)*

SCENA V

Pantalone e poi Silvio.

Pantalone. Siestu maledetto. El xe una bestia vestia da omo costù. Gh'oggio mai podesto dir che quella xe una donna? Mo, sior no, nol vol lassar parlar. Ma xe qua quel spuzzetta de so fio, m'aspetto qualche altra isolenza.

Silvio *(da sè)*. Ecco Pantalone. Mi sento tentato di cacciargli la spada nel petto.

Pantalone. Sior Silvio, con so bona grazia, averave da darghe una bona niova, se la se degnasse de lassarme parlar e che non la fusse, come quella masena da molin de so sior pare.

Silvio. Che avete a dirmi? Parlate.

Pantalone. La sappia che el matrimonio de mia fia co sior Federigo xe andà a monte.

Silvio. È vero? Non m'ingannate.

Pantalone. Ghe digo la verità, e se la xe più de quell' umor, mia fia xe pronta a darghe la man.

Silvio. Oh cielo! Voi mi ritornate da morte a vita.

Pantalone *(da sè)*. Via, via, nol xe tanto bestia, come so pare.

Silvio. Ma! Oh cieli! Come potrò stringere al seno colei che con un altro sposo ha lungamente parlato?

Pantalone. Alle curte. Federigo Rasponi xe deventà Beatrice so sorella.

Silvio. Come! Io non vi capisco.

Dottore. Fahrt zum Teufel!

Pantalone. Euch holt er von ganz alleine!

Dottore. Wortbrüchiger, ehrloser alter Kerl! *(Ab.)*

FÜNFTE SZENE

Pantalone, dann Silvio.

Pantalone. Geh zum Henker! Das ist ja ein Ungeheuer in Menschengestalt! Hab ich ihm etwa sagen können, daß jener eine Frau ist? Nein, mein Herr, er hat mich gar nicht erst zu Wort kommen lassen. Aber da ist ja dieses Bürschchen von seinem Sohn, und ein paar Unverschämtheiten werde ich mir wieder anhören müssen.

Silvio *(für sich)*. Aha, der Pantalone. Ich möchte ihm am liebsten den Degen in die Brust stoßen.

Pantalone. Sior Silvio, mit Verlaub, ich hätt eine gute Neuigkeit für Euch; das heißt, wenn Ihr geruht, mich sprechen zu lassen, und nicht so ein Mundwerk habt wie Euer Herr Vater.

Silvio. Was habt Ihr mir zu sagen? Sprecht.

Pantalone. Ihr sollt wissen, daß die Heirat meiner Tochter mit dem Sior Federigo ins Wasser gefallen ist.

Silvio. Stimmt das? Täuscht mich ja nicht!

Pantalone. Was ich sage, stimmt; und wenn Sie Ihren Zustand überwunden haben, wird Ihnen meine Tochter auch die Hand reichen.

Silvio. Himmel! Ihr schenkt mir das Leben wieder!

Pantalone *(für sich)*. Hm, so verrückt wie sein Vater ist er ja gar nicht.

Silvio. Aber, meiner Treu! Wie könnte ich diejenige an meine Brust drücken, die schon lange und vertraut mit einem andern Bräutigam gesprochen hat?

Pantalone. Kurz und gut: Federigo Rasponi ist seine Schwester Beatrice geworden.

Silvio. Wie? Ich verstehe Euch nicht.

Pantalone. Sè ben duro de legname. Quel che se credeva Federigo, s'ha scoverto per Beatrice.

Silvio. Vestita da uomo?

Pantalone. Vestia da omo.

Silvio. Ora la capisco.

Pantalone. Alle tante.

Silvio. Come andò? Raccontatemi.

Pantalone. Andemo in casa. Mia fia non sa gnente. Con un racconto solo soddisfarò tutti do.

Silvio. Vi seguo e vi domando umilmente perdono, se trasportato dalla passione ...

Pantalone. A monte; ve compatisso. So cossa che xe amor. Andemo, fio mio, vegnì con mi. *(Parte.)*

Silvio. Chi più felice è di me? Qual cuore può esser più contento del mio? *(Parte con Pantalone.)*

SCENA VI

Sala della locanda con varie porte.

Beatrice e Florindo escono ambidue dalle loro camere con un ferro alla mano, in atto di volersi uccidere, trattenuti quella da Brighella e questi dal Cameriere della locanda, e s'avanzano in modo che i due amanti non si vedono fra di loro.

Brighella *(afferrando la mano a Beatrice).* La se fermi.

Beatrice *(si sforza per liberarsi da Brighella).* Lasciatemi per carità.

Cameriere *(a Florindo, trattenendolo).* Questa è una disperazione.

Florindo *(si scioglie dal cameriere).* Andate al diavolo.

Beatrice. Non vi riuscirà d'impedirmi. *(Si allontana da Brighella. Tutti due s'avanzano, determinati di*

Pantalone. Ihr seid aber schwer von Begriff. Den man für Federigo hielt, der hat sich als Beatrice entpuppt.

Silvio. In Mannskleidern?

Pantalone. In Mannskleidern.

Silvio. Jetzt verstehe ich Euch.

Pantalone. Hat ja auch lang genug gedauert.

Silvio. Wie trug sich das zu? Erzählt es mir.

Pantalone. Gehen wir nach Haus. Meine Tochter weiß von nichts. Dann kann ich Euch mit einer einzigen Erzählung alle beide zufriedenstellen.

Silvio. Ich begleite Euch und bitte Euch inständig um Verzeihung, wenn ich, hingerissen von der Leidenschaft ...

Pantalone. Schwamm darüber! Ich verzeih Euch. Ich weiß, was Liebe ist. Gehen wir, mein Sohn. Kommt nur. *(Ab.)*

Silvio. Wer kann sich glücklicher preisen als ich? Wessen Herz kann höher schlagen als meines? *(Ab mit Pantalone.)*

SECHSTE SZENE

Gasthausdiele mit verschiedenen Türen.

Beatrice und Florindo kommen beide mit einem Hirschfänger in der Hand aus ihren Zimmern, in der Absicht, sich umzubringen; Beatrice wird von Brighella zurückgehalten, Florindo vom Kellner, wobei sich die beiden Liebenden so bewegen, daß sie einander nicht sehen können.

Brighella *(Beatrices Hand fassend).* Bleiben Sie.

Beatrice *(bemüht sich, von Brighella loszukommen).* Laßt mich doch.

Kellner *(zu Florindo, ihn zurückhaltend).* Das ist ja Wahnwitz!

Florindo *(sich vom Kellner losreißend).* Schert Euch zum Teufel!

Beatrice. Ihr werdet mich nicht daran hindern können! *(Löst sich von Brighella. Beide treten nun vor, fest ent-*

volersi uccidere, e vedendosi e riconoscendosi, rimangono istupiditi.)

Florindo. Che vedo!

Beatrice. Florindo!

Florindo. Beatrice!

Beatrice. Siete in vita?

Florindo. Voi pur vivete?

Beatrice. Oh sorte!

Florindo. Oh anima mia! *(Si lasciano cadere i ferri e si abbracciano.)*

Brighella *(al cameriere scherzando, e parte).* Tolè su quel sangue che nol vada de mal.

Cameriere *(da sè).* Almeno voglio avanzare questi coltelli. Non glieli do più. *(Prende i coltelli da terra, e parte.)*

SCENA VII

Beatrice, Florindo, poi Brighella.

Florindo. Qual motivo vi aveva ridotta a tale disperazione?

Beatrice. Una falsa novella della vostra morte.

Florindo. Chi fu che vi fece credere la mia morte?

Beatrice. Il mio servitore.

Florindo. Ed il mio parimente mi fece credere voi estinta, e trasportato da egual dolore volea privarmi di vita.

Beatrice. Questo libro fu cagion ch'io gli prestai fede.

Florindo. Questo libro era nel mio baule. Come passò nelle vostre mani? Ah sì, vi sarà pervenuto, come nelle tasche del mio vestito ritrovai il mio ritratto; ecco il mio ritratto, ch'io diedi a voi in Torino.

Beatrice. Quei ribaldi dei nostri servi, sa il cielo che cosa avranno fatto. Essi sono stati la causa del nostro dolore e della nostra disperazione.

schlossen, sich umzubringen, sehen sich ins Gesicht und erkennen einander mit großem Erstaunen.)

Florindo. Wen sehe ich!

Beatrice. Florindo!

Florindo. Beatrice!

Beatrice. Ihr seid am Leben?

Florindo. Und Ihr lebt auch?

Beatrice. O Schicksal!

Florindo. O Seligkeit! *(Beide lassen die Waffen fallen und umarmen sich.)*

Brighella *(scherzhaft zum Kellner)*. Nehmt das Blut auf, damit's nicht verdirbt! *(Ab.)*

Kellner *(für sich)*. Ich will wenigstens diese Messer zurücklegen. Die bekommen sie nicht mehr. *(Hebt die Hirschfänger auf, und ab.)*

SIEBENTE SZENE

Beatrice, Florindo, dann Brighella.

Florindo. Was hat Euch zu solcher Verzweiflungstat getrieben?

Beatrice. Eine falsche Kunde über Euern Tod.

Florindo. Wer hat Euch nur meinen Tod eingeredet?

Beatrice. Mein Diener.

Florindo. Und der meine hat mir vorgemacht, Ihr wäret gestorben, und getrieben von demselben Schmerz, wollte ich mir das Leben nehmen.

Beatrice. Dies Buch war die Veranlassung, daß ich ihm Glauben schenkte.

Florindo. Dies Buch befand sich in meinem Koffer. Wie kam es in Eure Hände? Ach, wahrscheinlich auf die gleiche Weise wie dies Bild in meine Tasche; hier ist mein Bild, das ich Euch in Turin gegeben hatte.

Beatrice. Wer weiß, was diese Gauner von unseren Dienern da angestellt haben. Sie sind die Ursachen zu unserem Schmerz und zu unserer Verzweiflung gewesen.

Florindo. Cento favole il mio mi ha raccontato di voi.

Beatrice. Ed altrettante ne ho io di voi dal servo mio tollerate.

Florindo. E dove sono costoro?

Beatrice. Più non si vedono.

Florindo. Cerchiamo di loro e confrontiamo la verità. *(Chiama.)* Chi è di là? Non vi è nessuno?

Brighella. La comandi.

Florindo. I nostri servidori dove son eglino?

Brighella. Mi no lo so, signor. I se pol cercar.

Florindo. Procurate di ritrovarli e mandateli qui da noi.

Brighella. Mi no ghe ne conosso altro che uno; lo dirò ai camerieri; lori li cognosserà tutti do. Me rallegro con lori che i abbia fatt una morte cussì dolce; se i se volesse far seppelir, che i vada in un altro logo, che qua no i stà ben. Servitor de lor signori. *(Parte.)*

SCENA VIII

Florindo e Beatrice.

Florindo. Voi pure siete in questa locanda alloggiata?

Beatrice. Ci sono giunta stamane.

Florindo. Ed io stamane ancora. E non ci siamo prima veduti?

Beatrice. La fortuna ci ha voluto un po' tormentare.

Florindo. Ditemi: Federigo, vostro fratello, è egli morto?

Beatrice. Ne dubitate? Spirò sul colpo.

Florindo. Eppure mi veniva fatto credere ch'ei fosse vivo, e in Venezia.

Beatrice. Quest'è un inganno di chi sinora mi ha

Florindo. Der meine hat mir hundert Märchen über Euch erzählt.

Beatrice. Und ebenso viele habe ich von meinem Diener über Euch zu hören bekommen.

Florindo. Wo stecken sie denn?

Beatrice. Man sieht sie nicht mehr.

Florindo. Lassen wir sie holen, und stellen wir eine Untersuchung an. *(Rufend.)* Wer ist dort? Ist dort jemand?

Brighella. Sie wünschen?

Florindo. Wo treiben sich unsere Diener herum?

Brighella. Das weiß ich nicht, Signore. Die kann man suchen.

Florindo. Sucht sie und schickt sie uns her.

Brighella. Ich kenn nicht mehr als einen; aber ich will's den Bedienten sagen. Möglich, daß die alle beide kennen. Ich wünsch den Herrschaften auch viel Glück zu dem süßen Tod, den Sie gehabt haben. Und falls Sie sich noch begraben lassen wollen, dann gehen Sie bitte woandershin, hier macht sich das nicht gut. Ergebenster Diener. *(Ab.)*

ACHTE SZENE

Florindo und Beatrice.

Florindo. Ihr wohnt ebenfalls in diesem Gasthaus?

Beatrice. Ich bin heute früh angekommen.

Florindo. Ich auch heute früh. Und da haben wir uns nicht eher gesehen?

Beatrice. Das Schicksal wollte uns ein wenig quälen.

Florindo. Sagt, ist Euer Bruder Federigo gestorben?

Beatrice. Zweifelt Ihr? Er verschied augenblicklich.

Florindo. Und doch mußte ich annehmen, er sei am Leben und befände sich in Venedig.

Beatrice. Das ist ein Irrtum derjenigen, die mich bisher

preso per Federigo. Partii di Torino con questi abiti e questo nome sol per seguire ...

Florindo. Lo so, per seguir me, o cara; una lettera, scrittavi dal vostro servitor di Torino, mi assicurò di un tal fatto.

Beatrice. Come giunse nelle vostre mani?

Florindo. Un servitore, che credo sia stato il vostro, pregò il mio che ne ricercasse alla Posta. La vidi, e trovandola a voi diretta, non potei a meno di non aprirla.

Beatrice. Giustissima curiosità di un amante.

Florindo. Che dirà mai Torino della vostra partenza?

Beatrice. Se tornerò colà vostra sposa, ogni discorso sarà finito.

Florindo. Come posso io lusingarmi di ritornarvi sì presto, se della morte di vostro fratello sono io caricato?

Beatrice. I capitali ch'io porterò di Venezia, vi potranno liberare dal bando.

Florindo. Ma questi servi ancor non si vedono.

Beatrice. Che mai li ha indotti a darci sì gran dolore?

Florindo. Per saper tutto non conviene usar con essi il rigore. Convien prenderli colle buone.

Beatrice. Mi sforzerò di dissimulare.

Florindo *(vedendo venir Truffaldino)*. Eccone uno.

Beatrice. Ha cera di essere il più briccone.

Florindo. Credo che non diciate male.

für Federigo hielten. Ich verließ in dieser Kleidung und unter diesem Namen Turin nur deswegen . . .

Florindo. Ich weiß, meine Liebste: um mir nachzureisen. Ein Brief, den Euch Euer Diener aus Turin geschrieben hat, überzeugte mich davon.

Beatrice. Wie kam der in Eure Hände?

Florindo. Ein Diener, ich denke der Eure, bat den meinen, für ihn zur Post zu gehen. Ich sah den Brief, stellte fest, daß er an Euch adressiert war, und konnte nicht umhin, ihn zu öffnen.

Beatrice. Berechtigte Neugier eines Liebenden.

Florindo. Was wird man in Turin zu Eurer Abreise sagen?

Beatrice. Kehre ich als Eure Frau zurück, wird jedes Gerede verstummen.

Florindo. Wie kann ich auf eine baldige Rückkehr hoffen, da man mich doch des Mordes an Euerm Bruder beschuldigt?

Beatrice. Die Gelder, die ich von Venedig mitbringe, können Euch vom Bann befreien.

Florindo. Diese Diener lassen sich immer noch nicht blicken.

Beatrice. Was mag sie nur veranlaßt haben, uns solchen Schmerz zuzufügen?

Florindo. Um alles zu erfahren, darf man ihnen nicht grob kommen. Man muß es im guten versuchen.

Beatrice. Ich werde mir Mühe geben, mich zu bezwingen.

Florindo *(sieht Truffaldino)*. Das ist ja der eine.

Beatrice. Er scheint mir der größere Gauner zu sein.

Florindo. Ich denke, Ihr habt nicht unrecht.

SCENA IX

Truffaldino, condotto per forza da Brighella e dal Cameriere, e detti.

Florindo. Vieni, vieni, non aver paura.

Beatrice. Non ti vogliamo fare alcun male.

Truffaldino *(da sè).* Eh! Me recordo ancora delle bastonade.

Brighella. Questo l'avemo trovà; se troveremo quell'altro, lo faremo vegnir.

Florindo. Sì, è necessario che ci sieno tutti due in una volta.

Brighella *(piano al cameriere).* Lo conosseu vu quell'altro?

Cameriere *(a Brighella).* Io no.

Brighella *(al cameriere).* Domanderemo in cusina. Qualchedun lo cognosserà. *(Parte.)*

Cameriere *(da sè).* Se ci fosse, l'avrei da conoscere ancora io.

Florindo. Orsù, narraci un poco, come andò la faccenda del cambio del ritratto e del libro, e perchè tanto tu che quell'altro briccone vi uniste a farci disperare.

Truffaldino *(fa cenno col dito a tutti due che stiano cheti. A tutti due).* Zitto. *(A Florindo, allontanandolo da Beatrice.)* La favorissa, una parola in disparte. *(A Beatrice, nell'atto che si scosta per parlare a Florindo.)* Adessadesso ghe racconterò tutto. *(Parla a Florindo.)* La sappia, signor, che mi de tutt sto negozi no ghe n'ho colpa, ma chi è stà causa l'è stà Pasqual, servitor de quella signora, ch'è là. *(Accennando cautamente Beatrice.)* Lu l'è stà quello che ha confuso la roba, e quel che andava in t'un baul el l'ha mess in quell'alter, senza che mi me ne accorza. El poveromo s'ha racco-

NEUNTE SZENE

Truffaldino, von Brighella und dem Kellner gewaltsam hereingebracht, und die Vorigen.

Florindo. Komm nur, komm nur, du brauchst keine Angst zu haben!

Beatrice. Wir tun dir nichts.

Truffaldino *(für sich).* Oh! Die Prügel hab ich noch nicht vergessen!

Brighella. Den da haben wir gefunden. Und wenn wir den andern finden, bringen wir ihn auch noch.

Florindo. Ja, es müssen alle beide zur Stelle sein.

Brighella *(leise zum Kellner).* Kennt Ihr den andern?

Kellner *(zu Brighella).* Ich nicht.

Brighella *(leise zum Kellner).* Wir wollen uns in der Küche erkundigen. Irgend jemand wird ihn schon kennen. *(Ab.)*

Kellner *(für sich).* Wenn's ihn gäbe, dann müßte ich ihn schon längst kennen.

Florindo. Dann erzähle uns also, wie die Vertauschung des Bilds und des Merkbuchs zustande gekommen ist und wieso du dich mit jenem anderen Gauner verschworen hast, uns zur Verzweiflung zu bringen.

Truffaldino *(legt den Finger auf den Mund und wendet sich so an beide, sie zum Schweigen auffordernd. Zu beiden).* Still! *(Zu Florindo, ihn von Beatrice fortziehend.)* Bitt schön, auf ein Wörtchen separat! *(Zu Beatrice, während er zur Seite geht, um mit Florindo zu sprechen.)* Gleich will ich Ihnen alles erzählen. *(Spricht zu Florindo.)* Wissen Sie, Signore, ich hab an dem ganzen Kram keine Schuld; das ist nämlich alles der Pasquale gewesen, der Diener jener Signora da drüben. *(Deutet verstohlen auf Beatrice.)* Er hat die Sachen durcheinandergebracht und in den einen Koffer getan, was in den andern gehörte, ohne daß ich was davon gemerkt hab. Der

mandà a mi che lo tegna coverto, acciò che el so padron non lo cazza via, e mi che son de bon cor, che per i amici me faria sbudellar, ho trovà tutte quelle belle invenzion per veder d'accomodarla. No me saria mo mai stimà, che quel ritratt fosse voster e che tant v'avess da despiaser che fusse morto quel che l'aveva. Eccove contà l'istoria come che l'è, da quell'omo sincero, da quel servitor fedel che ve son.

Beatrice *(da sè)*. Gran discorso lungo gli fa colui. Son curiosa di saperne il mistero.

Florindo *(piano a Truffaldino)*. Dunque colui che ti fece pigliar alla Posta la nota lettera, era servitore della signora Beatrice?

Truffaldino *(piano a Florindo)*. Sior sì, el giera Pasqual.

Florindo *(piano a Truffaldino)*. Perchè tenermi nascosta una cosa, di cui con tanta premura ti avea ricercato?

Truffaldino *(piano a Florindo)*. El m'aveva pregà che no lo disesse.

Florindo *(come sopra)*. Chi?

Truffaldino *(come sopra)*. Pasqual.

Florindo *(come sopra)*. Perchè non obbedire al tuo padrone?

Truffaldino *(come sopra)*. Per amor de Pasqual.

Florindo *(come sopra)*. Converrebbe che io bastonassi Pasquale e te nello stesso tempo.

Truffaldino *(da sè)*. In quel caso me toccherave a mi le mie e anca quelle de Pasqual.

Beatrice. È ancor finito questo lungo esame?

Florindo. Costui mi va dicendo ...

Truffaldino *(piano a Florindo)*. Per amor del cielo, sior padron, no la descoverza Pasqual. Piuttosto la diga

arme Kerl hat mich gebeten, daß ich ihn nicht verraten soll, damit ihn sein Herr nicht fortjagt. Ich hab ja ein gutes Herz, und für meine Freunde laß ich mich umbringen, und so hab ich die ganzen Geschichten erfunden, um's wieder hinzubiegen. Ich hätt mir ja nie träumen lassen, daß das Ihr Bild sein könnte und daß Sie sich über den Tod seines Besitzers so sehr grämen würden. Jetzt hab ich Euch alles ganz genauso erzählt, wie's gewesen ist, und zwar als der ehrliche und treue Diener, der ich bin.

Beatrice *(für sich)*. Der hält ihm aber eine lange Rede. Ich bin gespannt, was es mit diesem Rätsel auf sich hat.

Florindo *(leise zu Truffaldino)*. Also war derjenige, der dich den berühmten Brief von der Post holen ließ, der Diener der Signora Beatrice?

Truffaldino *(leise zu Florindo)*. Jawohl, Sior, das war der Pasquale.

Florindo *(leise zu Truffaldino)*. Warum hast du mir etwas verschwiegen, was ich mit solcher Dringlichkeit von dir wissen wollte?

Truffaldino *(leise zu Florindo)*. Er hat mich gebeten, ich soll nichts davon sagen.

Florindo *(wie oben)*. Wer?

Truffaldino *(wie oben)*. Der Pasquale.

Florindo *(wie oben)*. Warum hast du deinem Herrn nicht gehorcht?

Truffaldino *(wie oben)*. Aus Freundschaft zu Pasquale.

Florindo *(wie oben)*. Ich müßte Pasquale und dich zusammen verprügeln.

Truffaldino *(für sich)*. In dem Fall bekäm ich meine Tracht und die von Pasquale obendrein.

Beatrice. Ist dieses lange Verhör immer noch nicht zu Ende?

Florindo. Er erzählt mir eben ...

Truffaldino *(leise zu Florindo)*. Um Himmels willen, mein Signore, verraten Sie den Pasquale nicht! Sie kön-

che son stà mi, la me bastona anca, se la vol, ma no la me ruvina Pasqual.

Florindo *(piano a Truffaldino).* Sei così amoroso per il tuo Pasquale?

Truffaldino *(come sopra, e si scosta da Florindo).* Ghe vôi ben, come s'el fuss me fradel. Adess vôi andar da quella signora, vôi dirghe che son stà mi, che ho falà; vôi che i me grida, che i me strapazza, ma che se salva Pasqual.

Florindo *(da sè).* Costui è di un carattere molto amoroso.

Truffaldino *(accostandosi a Beatrice).* Son qua da ela.

Beatrice *(piano a Truffaldino).* Che lungo discorso hai tenuto col signor Florindo?

Truffaldino *(piano sempre a Beatrice).* La sappia che quel signor el gh'ha un servidor che gh'ha nome Pasqual; l'è el più gran mamalucco del mondo; l'è sta lu che ha fatt quei zavai della roba, e perchè el poveromo l'aveva paura che el so patron lo cazzasse via, ho trovà mi quella scusa del libro, del patron morto, negà, etecetera. E anca adess a sior Florindo gh'ho ditt che mi son stà causa de tutto.

Beatrice *(a Truffaldino, come sopra).* Perchè accusarti di una colpa che asserisci di non avere?

Truffaldino *(come sopra).* Per l'amor che porto a Pasqual.

Florindo *(da sè).* La cosa va un poco in lungo.

Truffaldino *(piano a Beatrice).* Cara ela, la prego, no la lo precipita.

Beatrice *(come sopra).* Chi?

Truffaldino *(come sopra).* Pasqual.

nen ja sagen, daß ich's gewesen bin, Sie können mich auch verprügeln, wenn Sie wollen, aber stürzen Sie mir den Pasquale nicht ins Verderben!

Florindo *(leise zu Truffaldino).* Bist du denn so von Liebe zu deinem Pasquale erfüllt?

Truffaldino *(wie oben, dabei von Florindo wegtretend).* Ich hab ihn so gern wie meinen eigenen Bruder. Jetzt geh ich dort zu der Signora und sag ihr, daß ich's gewesen bin und daß ich alles verdorben hab; soll sie mich ausschimpfen, soll sie mich schlagen, aber dem Pasquale darf nichts geschehen.

Florindo *(für sich).* Er hat doch einen liebenswerten Charakter.

Truffaldino *(zu Beatrice tretend).* Jetzt bin ich bei Ihnen.

Beatrice *(leise zu Truffaldino).* Was für eine lange Rede hast du da dem Signor Florindo gehalten?

Truffaldino *(leise zu Beatrice).* Wissen Sie, der Signore hat einen Diener namens Pasquale; das ist der größte Spitzbub, den's auf der ganzen Welt gibt. Er hat das ganze Durcheinander mit dem Zeug gemacht, und weil der arme Kerl befürchtet, sein Herr könnt ihn fortjagen, hab ich die Ausred mit dem Buch erfunden und mit dem gestorbenen und ertrunkenen Herrn, und so weiter. Und eben hab ich auch dem Sior Florindo gesagt, daß alles nur meine Schuld gewesen ist.

Beatrice *(zu Truffaldino, wie oben).* Warum nimmst du denn eine Schuld auf dich, die deiner Behauptung nach gar nicht die deine ist?

Truffaldino *(wie oben).* Wegen meiner großen Freundschaft zum Pasquale.

Florindo *(für sich).* Die Sache dauert ein bißchen lange.

Truffaldino *(leise zu Beatrice).* Ich bitt Sie, stürzen Sie ihn nicht ins Unglück!

Beatrice *(wie oben).* Wen?

Truffaldino *(wie oben).* Den Pasquale.

Beatrice *(come sopra).* Pasquale e voi siete due bricconi.

Truffaldino *(da sè).* Eh, sarò mi solo.

Florindo. Non cerchiamo altro, signora Beatrice, i nostri servitori non l'hanno fatto a malizia; meritano essere corretti, ma in grazia delle nostre consolazioni, si può loro perdonare il trascorso.

Beatrice. È vero, ma il vostro servitore...

Truffaldino *(piano a Beatrice).* Per amor del cielo, no la nomina Pasqual.

Beatrice *(a Florindo).* Orsù, io andar dovrei dal signor Pantalone de' Bisognosi; vi sentireste voi di venir con me?

Florindo. Ci verrei volentieri, ma devo attendere un banchiere a casa. Ci verrò più tardi, se avete premura.

Beatrice. Sì voglio andarvi subito. Vi aspetterò dal signor Pantalone; di là non parto, se non venite.

Florindo. Io non so dove stia di casa.

Truffaldino. Lo so mi, signor, lo compagnerò mi.

Beatrice. Bene, vado in camera a terminar di vestirmi.

Truffaldino *(piano a Beatrice).* La vada, che la servo subito.

Beatrice. Caro Florindo, gran pene che ho provate per voi. *(Entra in camera.)*

SCENA X

Florindo e Truffaldino.

Florindo *(dietro a Beatrice).* Le mie non sono state minori.

Truffaldino. La diga, sior patron, no gh'è Pasqual;

Beatrice *(wie oben).* Der Pasquale und du, ihr seid doch zwei Erzgauner!

Truffaldino *(für sich).* Na, das bin schon ich allein.

Florindo. Lassen wir's gut sein, Signora Beatrice, unsere Diener haben das nicht aus Gemeinheit getan. Sie verdienten zwar eine Lehre, aber in Anbetracht unseres Glücks kann man ihnen auch das Gewesene verzeihen.

Beatrice. Das ist richtig, aber Euer Diener ...

Truffaldino *(leise zu Beatrice).* Um Himmels willen, nennen Sie den Pasquale nicht!

Beatrice *(zu Florindo).* Nun, ich müßte mich jetzt zum Signor Pantalone de' Bisognosi begeben. Wäre es Euch recht, mich zu begleiten?

Florindo. Das würde ich gerne tun, aber ich muß hier auf einen Bankier warten. Wenn Ihr's eilig habt, komme ich dann nach.

Beatrice. Ja, ich möchte gleich gehen. Ich erwarte Euch beim Signor Pantalone; jedenfalls bleibe ich so lange dort, bis Ihr kommt.

Florindo. Ich weiß nicht, wo er wohnt.

Truffaldino. Das weiß ich, Signore. Ich bringe Sie hin.

Beatrice. Gut, ich geh jetzt in mein Zimmer, um mich vollends anzukleiden.

Truffaldino *(leise zu Beatrice).* Gehen Sie vor, ich steh gleich zu Ihren Diensten.

Beatrice. Lieber Florindo, ich habe viel Leid um Euch erduldet! *(Ab ins Zimmer.)*

ZEHNTE SZENE

Florindo und Truffaldino.

Florindo *(zu Beatrice hin).* Und meines war nicht geringer.

Truffaldino. Hören Sie, Signore, der Pasquale ist

siora Beatrice no gh'ha nissun che l'aiuta a vestir: se contentelo che vada mi a servirla invece de Pasqual?

Florindo. Sì, vanne pure; servila con attenzione, avrò piacere.

Truffaldino *(da sè)*. A invenzion, a prontezza, a cabale, sfido el primo sollicitador de Palazzo. *(Entra nella camera di Beatrice.)*

SCENA XI

Florindo, poi Beatrice e Truffaldino.

Florindo. Grandi accidenti accaduti sono in questa giornata! Pianti, lamenti, disperazioni, e all'ultimo consolazione e allegrezza. Passar dal pianto al riso è un dolce salto che fa scordare gli affanni, ma quando dal piacere si passa al duolo, è più sensibile la mutazione.

Beatrice. Eccomi lesta.

Florindo. Quando cambierete voi quelle vesti?

Beatrice. Non istò bene vestita così?

Florindo. Non vedo l'ora di vedervi colla gonnella e col busto. La vostra bellezza non ha da essere soverchiamente coperta.

Beatrice. Orsù, vi aspetto dal signor Pantalone; fatevi accompagnare da Truffaldino.

Florindo. L'attendo ancora un poco; e se il banchiere non viene, ritornerà un'altra volta.

Beatrice. Mostratemi l'amor vostro nella vostra sollecitudine. *(S' avvia per partire.)*

Truffaldino *(piano a Beatrice, accennando Florindo)*. Comandela che resta a servir sto signor?

Beatrice *(piano a Truffaldino)*. Sì, lo accompagnerai dal signor Pantalone.

nicht da, und die Signora Beatrice hat niemand, der ihr beim Ankleiden hilft. Wär's Ihnen recht, wenn ich ihr statt des Pasquale an die Hand geh?

Florindo. Ja, begib dich nur zu ihr und hilf ihr mit Aufmerksamkeit, das ist mir sehr lieb.

Truffaldino *(für sich)*. An Phantasie, Schlagfertigkeit und List übertreff ich selbst den geriebensten Anwalt im Dogenpalast! *(Ab in Beatrices Zimmer.)*

ELFTE SZENE

Florindo, dann Beatrice und Truffaldino.

Florindo. Wieviel Bedeutsames hat sich doch an diesem Tage ereignet! Weinen, Wehklagen und Verzweiflung, und am Ende Glück und Freude. Vom Weinen zum Lachen ist's ein köstlicher Wechsel, der alle Leiden verscheucht, doch gerät man aus der Freude in den Schmerz, so spürt man die Veränderung ganz anders!

Beatrice. Nun, ich bin soweit.

Florindo. Wann legt Ihr denn diese Kleidung ab?

Beatrice. Sehe ich nicht gut darin aus?

Florindo. Ich kann es nicht erwarten, Euch in Rock und Mieder zu sehen. Eure Schönheit verträgt es nicht, übermäßig verdeckt zu werden.

Beatrice. Schön, ich erwarte Euch also beim Signor Pantalone. Laßt Euch von Truffaldino begleiten.

Florindo. Ich warte noch etwas auf den Bankier; und wenn er nicht bald kommt, dann wird er schon noch einmal den Weg machen.

Beatrice. Beweist mir durch Eure Eile, daß Ihr mich liebt. *(Wendet sich zum Gehen.)*

Truffaldino *(leise zu Beatrice, auf Florindo deutend)*. Wünschen Sie, daß ich hierbleibe und dem Signore zur Verfügung stehe?

Beatrice *(leise zu Truffaldino)*. Ja, du wirst ihn zum Signor Pantalone begleiten.

Truffaldino *(come sopra)*. E da quella strada lo servirò, perchè non gh'è Pasqual.

Beatrice. Servilo, mi farai cosa grata. *(Da sè, e parte.)* Lo amo più di me stessa.

SCENA XII

Florindo e Truffaldino.

Truffaldino. Tolì, nol se vede. El patron se veste, el va fora de casa, e nol se vede.

Florindo. Di chi parli?

Truffaldino. De Pasqual. Ghe voio ben, l'è me amigo, ma l'è un poltron. Mi son un servitor che valo per do.

Florindo. Vienmi a vestire. Frattanto verrà il banchiere.

Truffaldino. Sior padron, sento che Vussioria ha d'andar in casa de sior Pantalon.

Florindo. Ebbene, che vorresti tu dire?

Truffaldino. Vorria pregarlo de una grazia.

Florindo. Sì, te lo meriti davvero per i tuoi buoni portamenti.

Truffaldino. Se è nato qualcossa, la sa che l'è stà Pasqual.

Florindo. Ma dov'è questo maledetto Pasquale? Non si può vedere?

Truffaldino. El vegnirà sto baron. E cussì, sior patron, voria domandarghe sta grazia.

Florindo. Che cosa vuoi?

Truffaldino. Anca mi, poverin, son innamorado.

Florindo. Sei innamorato?

Truffaldino. Signor sì; e la me morosa l'è la serva de sior Pantalon; e voria mo che Vussioria ...

Truffaldino *(wie oben)*. In dem Fall bin ich ihm auch zu Diensten, weil der Pasquale nicht da ist.

Beatrice. Ja, steh ihm zu Diensten, damit tust du mir einen Gefallen. *(Für sich.)* Ich liebe ihn mehr als mich selbst. *(Ab.)*

ZWÖLFTE SZENE

Florindo und Truffaldino.

Truffaldino. Der läßt sich doch einfach nicht blikken! Sein Herr zieht sich an, geht aus, und er läßt sich nicht blicken!

Florindo. Von wem sprichst du?

Truffaldino. Vom Pasquale. Ich mag ihn, er ist mein Freund, aber er ist auch ein großer Faulpelz. Ich bin eben ein Diener, der's gleich für zwei schafft!

Florindo. Hilf mir beim Ankleiden. Inzwischen kommt vielleicht der Bankier.

Truffaldino. Signore, wie ich höre, wollen sich Euer Gnaden zum Signor Pantalone begeben.

Florindo. Schön, und was willst du damit sagen?

Truffaldino. Ich möchte mir etwas von Ihnen ausbitten.

Florindo. In der Tat, das hast du dir auf Grund deiner guten Leistungen verdient!

Truffaldino. Wenn was schiefgegangen ist, Sie wissen ja: der Pasquale hat's verbrochen.

Florindo. Aber wo ist denn dieser verdammte Pasquale? Bekommt man ihn nie zu sehen?

Truffaldino. Der Lump wird schon kommen. Also, Signore, ich möcht Sie um einen Gefallen bitten.

Florindo. Was willst du?

Truffaldino. Ich armer Kerl bin ebenfalls verliebt.

Florindo. Du bist verliebt?

Truffaldino. Jawohl, Signore. Und meine Liebste ist Kammermädchen beim Sior Pantalone; und ich hätt gern, daß Euer Gnaden ...

Florindo. Come c'entro io?

Truffaldino. Oh, no digo che la ghe intra; ma essendo mi el so servitor, che la disess una parola per mi al sior Pantalon.

Florindo. Bisogna vedere se la ragazza ti vuole.

Truffaldino. La ragazza me vol. Basta una parola al sior Pantalon; la prego de sta carità.

Florindo. Sì, lo farò; ma come la manterrai la moglie?

Truffaldino. Farò quel che poderò. Me raccomanderò a Pasqual.

Florindo. Raccomandati a un poco più di giudizio. *(Entra in camera.)*

Truffaldino. Se non fazzo giudizio sta volta, no lo fazzo mai più. *(Entra in camera, dietro a Florindo.)*

SCENA XIII

Camera in casa di Pantalone.

Pantalone, il Dottore, Clarice, Silvio, Smeraldina.

Pantalone. Via, Clarice, non esser cussì ustinada. Ti vedi che l'è pentio sior Silvio, che el te domanda perdon; se l'ha dà in qualche debolezza, el l'ha fatto per amor; anca mi gh'ho perdonà i strambezzi, ti ghe li ha da perdonar anca ti.

Silvio. Misurate dalla vostra pena la mia, signora Clarice, e tanto più assicuratevi che vi amo davvero, quanto più il timore di perdervi mi aveva reso furioso. Il cielo ci vuol felici, non vi rendete ingrata alle beneficenze del cielo. Coll'immagine della vendetta non funestate il più bel giorno di nostra vita.

Florindo. Was habe ich damit zu schaffen?

Truffaldino. Oh, ich sag ja nicht, daß Sie was damit zu schaffen haben. Aber da ich doch Ihr Diener bin, könnten Sie vielleicht beim Sior Pantalone ein gutes Wort für mich einlegen.

Florindo. Man muß sehen, ob das Mädchen dich haben will.

Truffaldino. Das Mädchen will mich schon haben. Da reicht ein Wort zum Sior Pantalone; und ich bitt Sie um diese Freundlichkeit.

Florindo. Ja, das will ich machen. Aber wie kannst du denn eine Frau ernähren?

Truffaldino. Ich tu eben, was ich kann. Und ich verlaß mich auf den Pasquale.

Florindo. Verlaß dich lieber ein bißchen mehr auf deine Vernunft. *(Ab ins Zimmer.)*

Truffaldino. Werd ich diesmal nicht vernünftig, dann werd ich's überhaupt nicht mehr! *(Ab ins Zimmer, nach Florindo.)*

DREIZEHNTE SZENE

Zimmer in Pantalones Haus.

Pantalone, der Dottore, Clarice, Silvio und Smeraldina.

Pantalone. Los, Clarice, sei nicht so starrköpfig. Du siehst doch, wie's dem Sior Silvio leid tut und daß er dich um Verzeihung bittet. Und wenn er sich falsch benommen hat, dann hat er's nur aus Liebe getan. Ich hab ihm seinen Unsinn schon verziehen, und das mußt du jetzt auch tun.

Silvio. Meßt meinen Schmerz an Euerm, Signora Clarice; und je mehr mich die Angst, Euch zu verlieren, in Aufruhr versetzt hat, um so mehr solltet Ihr davon überzeugt sein, daß ich Euch wirklich liebe. Der Himmel will unser Glück, seid den Wohltaten des Himmels gegenüber nicht undankbar! Trübt nicht mit Rachegedanken den schönsten Tag unseres Lebens!

Dottore. Alle preghiere di mio figliuolo aggiungo le mie. Signora Clarice, mia cara nuora, compatitelo il poverino; è stato lì lì per diventar pazzo.

Smeraldina. Via, signora padrona, che cosa volete fare? Gli uomini, poco più, poco meno, con noi sono tutti crudeli. Pretendono un'esattissima fedeltà, e per ogni leggiero sospetto ci strapazzano, ci maltrattano, ci vorrebbero veder morire. Già con uno o con l'altro avete da maritarvi; dirò, come si dice agli ammalati, giacchè avete da prender la medicina, prendetela.

Pantalone. Via, sentistu? Smeraldina al matrimonio la ghe dixe medicamento. No far che el te para tossego. *(Piano al Dottore.)* Bisogna veder de devertirla.

Dottore. Non è nè veleno, nè medicamento, no. Il matrimonio è una confezione, un giulebbe, un candito.

Silvio. Ma cara Clarice mia, possibile che un accento non abbia a uscire dalle vostre labbra? So che merito da voi essere punito, ma per pietà, punitemi colle vostre parole, non con il vostro silenzio. *(S'inginocchia.)* Eccomi ai vostri piedi; movetevi a compassione di me.

Clarice *(sospirando verso Silvio)*. Crudele!

Pantalone *(piano al Dottore)*. Aveu sentio quella sospiradina? Bon segno.

Dottore *(piano a Silvio)*. Incalza l'argomento.

Smeraldina *(da sè)*. Il sospiro è come il lampo: foriero di pioggia.

Silvio. Se credessi che pretendeste il mio sangue in vendetta della supposta mia crudeltà, ve lo esibisco di buon animo. Ma oh Dio! in luogo del sangue delle mie vene, prendetevi quello che mi sgorga dagli occhi. *(Piange.)*

Dottore. Ich schließe mich den Bitten meines Sohnes an. Meine Signora Clarice, meine liebe Schwiegertochter, vergebt dem Armen; er wäre fast wahnsinnig geworden.

Smeraldina. Ach, meine Padrona, was wollen Sie denn machen? Die Männer behandeln uns doch alle mehr oder weniger grausam. Sie verlangen die unerschütterlichste Treue, und beim kleinsten Verdacht schreien sie uns an, mißhandeln uns und möchten uns lieber tot als lebendig sehen. Den einen oder den andern müssen Sie ja doch heiraten. Und so sprech ich zu Ihnen, wie man zu einem Kranken spricht: Wenn Ihnen schon nichts anderes übrigbleibt, dann schlucken Sie halt die Medizin!

Pantalone. Hast du das gehört? Die Smeraldina nennt die Heirat eine Medizin. Sieh zu, daß sie dir nicht bitter schmeckt! *(Leise zum Dottore.)* Man muß sie ein bißchen aufmuntern.

Dottore. Nein, sie schmeckt nicht bitter und ist auch keine Medizin. Die Heirat ist ein Konfekt, ein Sirup, eine kandierte Frucht.

Silvio. Aber meine liebe Clarice, kommt denn gar kein Wort von Euern Lippen? Ich weiß, daß ich es verdiente, von Euch bestraft zu werden, aber straft mich um alles in der Welt mit Euern Worten und nicht mit Euerm Schweigen! *(Sich hinkniend.)* Hier knie ich zu Euern Füßen, laßt Euch erweichen!

Clarice *(seufzend, zu Silvio hin)*. Herzloser!

Pantalone *(leise zum Dottore)*. Habt Ihr das Seufzerchen gehört? Ein gutes Zeichen.

Dottore *(leise zu Silvio)*. Du mußt noch nachdrücklicher werden.

Smeraldina *(für sich)*. Ein Seufzer ist wie ein Blitz, er verkündet Regen.

Silvio. Müßte ich annehmen, Ihr verlangtet mein Blut als Sühne für meine angebliche Grausamkeit, ich würde es Euch gerne geben. Aber, o Gott! Begnügt Euch statt des Blutes aus meinen Adern mit dem, was mir aus den Augen quillt. *(Weint.)*

Pantalone *(da sè)*. Bravo!

Clarice *(come sopra, e con maggior tenerezza)*. Crudele!

Dottore *(piano a Pantalone)*. È cotta.

Pantalone *(a Silvio, alzandolo)*. Animo, leveve su. *(Al medesimo, prendendolo per la mano.)* Vegnì qua. *(Prende la mano di Clarice.)* Vegnì qua anca vu, siora. Animo, torneve a toccar la man; fe pase, no pianzè più, consoleve, fenila, tolè; el cielo ve benediga. *(Unisce le mani d'ambidue.)*

Dottore. Via, è fatta.

Smeraldina. Fatta, fatta.

Silvio *(tenendola per la mano)*. Deh signora Clarice, per carità.

Clarice. Ingrato!

Silvio. Cara.

Clarice. Inumano!

Silvio. Anima mia.

Clarice. Cane!

Silvio. Viscere mie.

Clarice *(sospira)*. Ah!

Pantalone *(da sè)*. La va.

Silvio. Perdonatemi per amor del cielo.

Clarice *(sospirando)*. Ah! Vi ho perdonato.

Pantalone *(da sè)*. La xe andada.

Dottore. Via, Silvio, ti ha perdonato.

Smeraldina. L'ammalato è disposto, dategli il medicamento.

SCENA XIV

Brighella e detti.

Brighella *(entra)*. Con bona grazia, se pol vegnir?

Pantalone. Vegnì qua mo, sior compare Brighella. Vu

Pantalone *(für sich)*. Bravo!

Clarice *(wie oben, doch liebevoller)*. Herzloser!

Dottore *(leise zu Pantalone)*. Sie ist restlos verschossen!

Pantalone *(zu Silvio, ihm aufhelfend)*. Los, steht schon auf! *(Ihn an der Hand fassend.)* Kommt her. *(Clarice an der Hand fassend.)* Kommt auch Ihr her, Signora. *(Zu beiden.)* So, und jetzt reicht Ihr Euch noch einmal die Hand. Schließt Frieden, weint nicht mehr, freut Euch, macht ein Ende, und damit hat sich's; und der Himmel mag Euch segnen. *(Er legt beider Hände ineinander.)*

Dottore. Alles in Ordnung!

Smeraldina. In Ordnung! In Ordnung!

Silvio *(Clarices Hand haltend)*. Ach, Signora Clarice, ich bitte Euch!

Clarice. Undankbarer!

Silvio. Liebe!

Clarice. Unmensch!

Silvio. Meine Seele!

Clarice. Tier!

Silvio. Mein liebes Herz!

Clarice *(seufzend)*. Oh!

Pantalone *(für sich)*. Es klappt.

Silvio. Verzeiht mir um Himmels willen!

Clarice *(seufzend)*. Oh! Ich habe Euch verziehen.

Pantalone *(für sich)*. Es hat geklappt!

Dottore. Na, Silvio, sie hat dir vergeben.

Smeraldina. Die Kranke ist bereit, reicht ihr die Medizin!

VIERZEHNTE SZENE

Brighella und die Vorigen.

Brighella *(hereinkommend)*. Ist es erlaubt, darf ich eintreten?

Pantalone. Kommt nur herein, Gevatter Brighella. Ihr

sè quello che m'ha dà da intender ste belle fandonie, che m'ha assicurà che sior Federigo gera quello, ah?

Brighella. Caro signor, chi non s'averave ingannà? I era do fradelli che se somegiava come un pomo spartido. Con quei abiti averia zogà la testa che el giera lu.

Pantalone. Basta; la xe passada. Cossa gh'è da niovo?

Brighella. La signora Beatrice l'è qua, che la li voria reverir.

Pantalone. Che la vegna pur, che la xe parona.

Clarice. Povera signora Beatrice, mi consolo che sia in buono stato.

Silvio. Avete compassione di lei?

Clarice. Sì, moltissima.

Silvio. E di me?

Clarice. Ah crudele!

Pantalone *(al Dottore)*. Sentiu che parole amorose?

Dottore *(a Pantalone)*. Mio figliuolo poi ha maniera.

Pantalone *(al Dottore)*. Mia fia, poverazza, la xe de bon cuor.

Smeraldina. Eh, tutti due sanno fare la loro parte.

SCENA XV

Beatrice e detti.

Beatrice. Signori, eccomi qui a chiedervi scusa, a domandarvi perdono, se per cagione mia aveste dei disturbi ...

Clarice. Niente, amica, venite qui. *(L'abbraccia.)*

Silvio. Ehi? *(Mostrando dispiacere di quell'abbraccio.)*

Beatrice *(verso Silvio)*. Come! Nemmeno una donna?

habt mir doch diesen ganzen Unsinn aufgeschwatzt, Ihr habt mir doch versichert, daß es wirklich der Sior Federigo ist, nicht wahr?

Brighella. Lieber Signore, wer hätte sich nicht schon mal getäuscht? Das waren zwei Geschwister, die sich wie zwei Apfelhälften ähnlich sahen. Und bei dem Aufzug hätt ich meinen Kopf gewettet, daß er's ist.

Pantalone. Schluß damit. Erledigt. Was gibt's Neues?

Brighella. Die Signora Beatrice ist da und will Euch ihre Aufwartung machen.

Pantalone. Die soll nur kommen. Ich laß bitten.

Clarice. Arme Signora Beatrice; ich freue mich, daß sie sich wohl befindet.

Silvio. Vergebt Ihr der Signora Beatrice?

Clarice. Ja, ganz und gar.

Silvio. Und mir?

Clarice. Ach, Herzloser!

Pantalone *(zum Dottore)*. Hört Ihr, was für Liebesworte?

Dottore *(zu Pantalone)*. Mein Sohn weiß schon, was sich schickt.

Pantalone *(zum Dottore)*. Meine Tochter, das arme Kind, hat schließlich ein gutes Herz.

Smeraldina. Na, die verstehen schon alle beide ihre Rolle!

FÜNFZEHNTE SZENE

Beatrice und die Vorigen.

Beatrice. Meine Herrschaften, da bin ich, und ich bitte euch um Verzeihung, daß ihr wegen meiner in Unannehmlichkeiten gekommen seid ...

Clarice. Keine Ursache, liebe Freundin, kommt her. *(Umarmt sie.)*

Silvio. Wie! *(Bringt sein Mißfallen über diese Umarmung zum Ausdruck.)*

Beatrice *(zu Silvio)*. Ach, nicht einmal eine Frau?

Silvio *(da sè)*. Quegli abiti ancora mi fanno specie.

Pantalone. Andè là, siora Beatrice, che per esser donna e per esser zovene, gh'avè un bel coraggio.

Dottore *(a Beatrice)*. Troppo spirito, padrona mia.

Beatrice. Amore fa fare delle grandi cose.

Pantalone. I s'ha trovà, ne vero, col so moroso? Me xe stà contà.

Beatrice. Sì, il cielo mi ha consolata.

Dottore *(a Beatrice)*. Bella riputazione!

Beatrice *(al Dottore)*. Signore, voi non c'entrate nei fatti miei.

Silvio. Caro signor padre, lasciate che tutti facciano il fatto loro; non vi prendete di tai fastidi. Ora che sono contento io, vorrei che tutto il mondo godesse. Vi sono altri matrimoni da fare? Si facciano.

Smeraldina *(a Silvio)*. Ehi, signore, vi sarebbe il mio.

Silvio. Con chi?

Smeraldina. Col primo che viene.

Silvio. Trovalo, e son qua io.

Clarice *(a Silvio)*. Voi? Per far che?

Silvio. Per un poco di dote.

Clarice. Non vi è bisogno di voi.

Smeraldina *(da sè)*. Ha paura che glielo mangino. Ci ha preso gusto.

SCENA XVI

Truffaldino e detti.

Truffaldino. Fazz reverenza a sti signori.

Beatrice *(a Truffaldino)*. Il signor Florindo dov'è?

S i l v i o *(für sich).* Diese Kleidung bringt mich immer noch aus der Fassung.

P a n t a l o n e. Ich muß schon sagen, Siora Beatrice, für eine Frau und für Eure Jugend seid Ihr ganz schön couragiert!

D o t t o r e *(zu Beatrice).* Ein starkes Stück, Padrona.

B e a t r i c e. Die Liebe bringt Großes zustande.

P a n t a l o n e. Nun habt Ihr Euern Geliebten wiedergefunden, nicht wahr? Man hat's mir berichtet.

B e a t r i c e. Ja, dem Himmel sei's gedankt.

D o t t o r e *(zu Beatrice).* Wahrlich, ein reputierliches Verhalten!

B e a t r i c e *(zum Dottore).* Signore, Ihr habt mit meinen Angelegenheiten nichts gemein.

S i l v i o. Lieber Herr Vater, laßt doch jeden nach seiner eigenen Art verfahren; regt Euch nicht über derlei Dinge auf. Jetzt, da ich selbst voller Glück bin, möchte ich auch, daß alle Welt sich freut. Sollen vielleicht noch andere Ehen geschlossen werden? Dann möge dies geschehen.

S m e r a l d i n a *(zu Silvio).* Ja, Signore, da wär nämlich die meine.

S i l v i o. Mit wem denn?

S m e r a l d i n a. Mit dem ersten, der kommt.

S i l v i o. Finde ihn dir, ich bin bereit.

C l a r i c e *(zu Silvio).* Ihr? Wozu denn?

S i l v i o. Zu einer kleinen Mitgift.

C l a r i c e. Dazu braucht man Euch nicht.

S m e r a l d i n a *(für sich).* Sie hat Angst, daß er ihr weggeschnappt wird! Jetzt ist sie hinter den Geschmack gekommen.

SECHZEHNTE SZENE

Truffaldino und die Vorigen.

T r u f f a l d i n o. Meine Verehrung, die Herrschaften!

B e a t r i c e *(zu Truffaldino).* Wo ist der Signor Florindo?

Truffaldino. L'è qua, che el voria vegnir avanti, se i se contenta.

Beatrice. Vi contentate, signor Pantalone, che passi il signor Florindo?

Pantalone *(a Beatrice).* Xelo l'amigo sì fatto?

Beatrice. Sì, il mio sposo.

Pantalone. Che el resta servido.

Beatrice *(a Truffaldino).* Fa che passi.

Truffaldino *(a Smeraldina, piano).* Zovenotta, ve reverisso.

Smeraldina *(piano a Truffaldino).* Addio, morettino.

Truffaldino *(come sopra).* Parleremo.

Smeraldina *(come sopra).* Di che?

Truffaldino *(fa cenno di dargli l'anello, come sopra).* Se volessi.

Smeraldina *(come sopra).* Perchè no?

Truffaldino *(come sopra e parte).* Parleremo.

Smeraldina *(a Clarice).* Signora padrona, con licenza di questi signori, vorrei pregarla di una carità.

Clarice. Che cosa vuoi? *(Tirandosi in disparte per ascoltarla.)*

Smeraldina *(piano a Clarice).* Anch'io sono una povera giovine, che cerco di collocarmi: vi è il servitore della signora Beatrice che mi vorrebbe; s'ella dicesse una parola alla sua padrona, che si contentasse ch'ei mi prendesse, spererei di fare la mia fortuna.

Clarice *(piano a Smeraldina).* Sì, cara Smeraldina, lo farò volentieri; subito che potrò parlare a Beatrice con libertà, lo farò certamente. *(Torna al suo posto.)*

Pantalone *(a Clarice).* Cossa xe sti gran secreti?

Truffaldino. Er ist da, und er möcht auch hereinkommen, wenn's erlaubt wird.

Beatrice. Signor Pantalone, erlaubt Ihr, daß der Signor Florindo hereinkommt?

Pantalone *(zu Beatrice)*. Wär das also der bewußte Freund?

Beatrice. Ja, mein Bräutigam.

Pantalone. Er soll gern kommen.

Beatrice *(zu Truffaldino)*. Bitte ihn herein.

Truffaldino *(leise zu Smeraldina)*. Jungferlein, ich grüß Euch.

Smeraldina *(leise zu Truffaldino)*. Tag, Schwarzköpfchen.

Truffaldino *(wie oben)*. Wir sprechen noch miteinander.

Smeraldina *(wie oben)*. Worüber?

Truffaldino *(deutet an, ihr den Ring zu geben. Wie oben)*. Wenn Ihr wollt.

Smeraldina *(wie oben)*. Warum auch nicht?

Truffaldino *(wie oben)*. Wir sprechen noch miteinander. *(Ab.)*

Smeraldina *(zu Clarice)*. Meine Padrona, wenn die Herrschaften nichts dagegen haben, möchte ich Sie um einen Gefallen bitten.

Clarice. Was willst du? *(Tritt mit ihr zur Seite, um ihren Wunsch zu hören.)*

Smeraldina *(leise zu Clarice)*. Ich bin auch ein armes Mädchen, das gern versorgt sein möchte. Und der Diener der Signora Beatrice will mich haben. Wenn Sie ein Wort mit seiner Herrin reden würden, damit sie erlaubt, daß er mich nimmt, dann könnte ich hoffen, glücklich zu werden.

Clarice *(leise zu Smeraldina)*. Ja, meine liebe Smeraldina, das werde ich gern tun; sobald ich Gelegenheit habe, mit Beatrice ungestört zu sprechen, tu ich das ganz bestimmt. *(Auf ihren Platz zurück.)*

Pantalone *(zu Clarice)*. Was ist das für eine Geheimniskrämerei?

Clarice. Niente signore. Mi diceva una cosa.

Silvio *(piano a Clarice)*. Posso saperla io?
Clarice *(da sè)*. Gran curiosità! E poi diranno di noi altre donne.

SCENA ULTIMA

Florindo, Truffaldino e detti.

Florindo. Servitor umilissimo di lor signori. *(Tutti lo salutano. A Pantalone.)* È ella il padrone di casa?

Pantalone. Per servirla.
Florindo. Permetta ch'io abbia l'onore di dedicarle la mia servitù, scortato a farlo dalla signora Beatrice di cui, siccome di me, note gli saranno le vicende passate.

Pantalone. Me consolo de conoscerla e de reverirla, e me consolo de cuor delle so contentezze.

Florindo. La signora Beatrice deve esser mia sposa, e se voi non isdegnate onorarci, sarete pronubo delle nostre nozze.
Pantalone. Quel che s'ha da far, che el se fazza subito. Le se daga la man.
Florindo. Son pronto, signora Beatrice.
Beatrice. Eccola, signor Florindo.
Smeraldina *(da sè)*. Eh, non si fanno pregare.
Pantalone. Faremo po el saldo dei nostri conti. Le giusta le so partie, che po giusteremo le nostre.

Clarice *(a Beatrice)*. Amica, me ne consolo.
Beatrice *(a Clarice)*. Ed io di cuore con voi.

Silvio *(a Florindo)*. Signore, mi riconoscete voi?
Florindo. Sì, vi riconosco; siete quello che voleva fare un duello.

Clarice. Gar nichts, Signore. Sie hat mir nur etwas gesagt.

Silvio *(leise zu Clarice).* Darf ich's denn wissen?

Clarice *(für sich).* So eine Neugier! Und dann redet man noch über uns Frauen!

LETZTE SZENE

Florindo, Truffaldino und die Vorigen.

Florindo. Allerergebenster Diener, die Herrschaften. *(Alle grüßen ihn. Zu Pantalone.)* Sind Sie der Herr des Hauses?

Pantalone. Zu dienen.

Florindo. Sie erlauben, daß ich Ihnen meine ganze Ergebung zu Füßen lege, wozu mich die Signora Beatrice ermuntert hat, deren vergangene Geschicke Ihnen ebenso wie die meinen bekannt geworden sein dürften.

Pantalone. Ich freue mich, Sie kennenzulernen und Sie zu begrüßen. Und ich freue mich auch herzlich über Ihr Glück.

Florindo. Die Signora Beatrice soll meine Frau werden, und wenn Sie uns diese Ehre nicht versagen, so bitte ich Sie, unsern Verspruch zu vollziehen.

Pantalone. Was zu geschehen hat, das geschehe gleich. Geben Sie sich die Hand.

Florindo. Ich bin bereit, Signora Beatrice.

Beatrice. Hier meine Hand, Signor Florindo.

Smeraldina *(für sich).* Die lassen sich nicht erst bitten.

Pantalone. Nachher machen wir den Saldo auf unseren Rechnungen. Bringt Ihr erst Eure Geschäfte ins reine, dann bringen wir auch die unseren ins reine.

Clarice *(zu Beatrice).* Meine Freundin, ich freue mich.

Beatrice *(zu Clarice).* Und ich aus ganzem Herzen mit Euch.

Silvio *(zu Florindo).* Signore, kennen Sie mich noch?

Florindo. Ja, ich kenne Euch; Ihr wolltet Euch schlagen.

Silvio. Anzi l'ho fatto per mio malanno. *(Accennando Beatrice.)* Ecco chi mi ha disarmato e poco meno che ucciso.

Beatrice *(a Silvio).* Potete dire chi vi ha donato la vita.

Silvio. Sì, è vero.

Clarice *(a Silvio).* In grazia mia però.

Silvio. È verissimo.

Pantalone. Tutto xe giustà, tutto xe fenio.

Truffaldino. Manca el meggio, signori.

Pantalone. Cossa manca?

Truffaldino *(a Florindo, tirandolo in disparte).* Con so bona grazia, una parola.

Florindo *(piano a Truffaldino).* Che cosa vuoi?

Truffaldino *(piano a Florindo).* S'arrecordel cossa ch'el m'ha promesso?

Florindo *(piano a Truffaldino).* Che cosa? Io non me ne ricordo.

Truffaldino *(come sopra).* De domandar a sior Pantalon, Smeraldina per me muier?

Florindo *(come sopra).* Sì, ora me ne sovviene. Lo faccio subito.

Truffaldino *(da sè).* Anca mi, poveromo, che me metta all'onor del mondo.

Florindo. Signor Pantalone, benchè sia questa la prima volta sola ch'io abbia l'onore di conoscervi, mi fo ardito di domandarvi una grazia.

Pantalone. La comandi pur. In quel che posso, la servirò.

Florindo. Il mio servitore bramerebbe per moglie la vostra cameriera; avreste voi difficoltà di accordargliela?

Smeraldina *(da sè).* Oh bella! Un altro che mi vuole. Chi diavolo è? Almeno che lo conoscessi.

Pantalone *(a Smeraldina).* Per mi son contento. Cossa disela ela, patrona?

Silvio. Und das habe ich sogar zu meinem Schaden getan. *(Auf Beatrice deutend.)* Bitte, man hat mich entwaffnet und fast ums Leben gebracht.

Beatrice *(zu Silvio)*. Ihr könnt auch sagen, daß man Euch das Leben geschenkt hat.

Silvio. Ja, das ist richtig.

Clarice *(zu Silvio)*. Aber nur mir zuliebe.

Silvio. Stimmt genau.

Pantalone. Alles ist in Ordnung und erledigt.

Truffaldino. Aber das Beste fehlt noch, meine Herrschaften.

Pantalone. Was fehlt?

Truffaldino *(zu Florindo, ihn beiseite ziehend)*. Bitt schön, auf ein Wort.

Florindo *(leise zu Truffaldino)*. Was willst du?

Truffaldino *(leise zu Florindo)*. Wissen Sie noch, was Sie mir versprochen haben?

Florindo *(wie oben)*. Was denn? Das weiß ich nicht mehr.

Truffaldino *(wie oben)*. Daß Sie den Sior Pantalone bitten wollen, mir die Smeraldina zur Frau zu geben.

Florindo *(wie oben)*. Ja, jetzt erinnere ich mich wieder. Ich tu's gleich.

Truffaldino *(für sich)*. Auch ich, armer Kerl, will mir Achtung und Ehr verschaffen.

Florindo. Signor Pantalone, wenn ich auch eben erst die Ehre gehabt habe, Sie kennenzulernen, so erkühne ich mich doch, Sie um eine Gefälligkeit zu bitten.

Pantalone. Sprechen Sie nur. Wo ich kann, will ich Ihnen gern zu Diensten sein.

Florindo. Mein Diener möchte so gern Euer Kammermädchen zur Frau. Hättet Ihr Bedenken, sie ihm zu geben?

Smeraldina *(für sich)*. Jetzt will mich gar noch einer! Wer ist denn das? Wenn ich ihn wenigstens kennen würde!

Pantalone *(zu Smeraldina)*. Mir soll's recht sein. Und was meint Ihr dazu, Padrona?

S m e r a l d i n a. Se potessi credere d'avere a star bene ...

P a n t a l o n e *(a Florindo).* Xelo omo da qualcossa sto so servitor?

F l o r i n d o. Per quel poco tempo ch'io l'ho meco, è fidato certo, e mi pare di abilità.

C l a r i c e. Signor Florindo, voi mi avete prevenuta in una cosa che dovevo far io. Dovevo io proporre le nozze della mia cameriera per il servitore della signora Beatrice. Voi l'avete chiesta per il vostro; non occorr'altro.

F l o r i n d o. No, no; quando voi avete questa premura, mi ritiro affatto e vi lascio in pienissima libertà.

C l a r i c e. Non sarà mai vero che voglia io permettere che le mie premure sieno preferite alle vostre. E poi non ho, per dirvela, certo impegno. Proseguite pure nel vostro.

F l o r i n d o. Voi lo fate per complimento. *(A Pantalone.)* Signor Pantalone, quel che ho detto sia per non detto. Per il mio servitore non vi parlo più, anzi non voglio che la sposi assolutamente.

C l a r i c e. Se non la sposa il vostro, non l'ha da sposare nemmeno quell'altro. La cosa ha da essere per lo meno del pari.

T r u f f a l d i n o *(da sè).* Oh bella! Lori fa i complimenti, e mi resto senza muier.

S m e r a l d i n a *(da sè).* Sto a vedere che di due non ne avrò nessuno.

P a n t a l o n e. Eh via, che i se giusta; sta povera putta gh'ha voggia de maridarse, démola o all'uno, o all'altro

F l o r i n d o. Al mio no. Non voglio certo far torto alla signora Clarice.

Smeraldina. Wenn ich annehmen könnte, daß ich gut aufgehoben bin ...

Pantalone *(zu Florindo).* Ist denn dieser Diener was wert?

Florindo. Obwohl er mir erst kurze Zeit dient, kann ich doch sagen, daß er verläßlich ist, und über Geschicklichkeit scheint er auch zu verfügen.

Clarice. Signor Florindo, Ihr seid mir in einer Angelegenheit zuvorgekommen, die ich hätte zur Sprache bringen sollen. Ich sollte nämlich die Heirat meines Kammermädchens mit dem Diener der Signora Beatrice vorschlagen. Nun habt Ihr schon für Euern Diener um sie geworben; damit ist mein Vorschlag hinfällig.

Florindo. Nein, keineswegs. Wenn Euch so daran gelegen ist, trete ich selbstverständlich zurück und lasse Euch völlig freie Hand.

Clarice. Ich möchte aber auf gar keinen Fall, daß mein Anliegen dem Euern vorgezogen wird. Außerdem kann ich Euch sagen, daß ich mich nicht allzu sehr gebunden habe. Setzt ruhig Euer Werk fort.

Florindo. Das ist nur Höflichkeit von Eurer Seite. *(Zu Pantalone.)* Signor Pantalone, was ich Euch gesagt habe, möge ungesagt sein. Kein Wort mehr zu Euch über meinen Diener; jetzt wünsche ich sogar, daß er sie auf gar keinen Fall heiratet.

Clarice. Wenn der Eure sie nicht heiratet, dann hat der andere sie ebenfalls nicht zu heiraten. Die Angelegenheit muß wenigstens gleich zu gleich stehen.

Truffaldino *(für sich).* Oh, die machen sich gegenseitig Komplimente, und ich krieg keine Frau!

Smeraldina *(für sich).* Am Ende bekomme ich keinen von beiden.

Pantalone. Na, einigt Euch schon. Das arme Kind will gern heiraten. Geben wir sie dem einen oder dem andern.

Florindo. Dem meinen nicht. Ich möchte der Signora Clarice kein Unrecht antun.

Clarice. Nè io permetterò mai che sia fatto al signor Florindo.

Truffaldino. Siori, sta facenda l'aggiusterò mi. *(A Florindo.)* Sior Florindo, non hala domandà Smeraldina per el so servitor?

Florindo. Sì, non l'hai sentito tu stesso?

Truffaldino. E ela, siora Clarice, non hala destinà Smeraldina per el servitor de siora Beatrice?

Clarice. Dovevo parlarne sicuramente.

Truffaldino. Ben, co l'è cussì, Smeraldina, deme la man.

Pantalone *(a Truffaldino).* Mo per cossa voleu che a vu la ve daga la man?

Truffaldino. Perchè mi, mi son servitor de sior Florindo e de siora Beatrice.

Florindo. Come?

Beatrice. Che dici?

Truffaldino. Un pochetto de flemma. *(A Florindo.)* Sior Florindo, chi v'ha pregado de domandar Smeraldina al sior Pantalon?

Florindo. Tu mi hai pregato.

Truffaldino. E ela, siora Clarice, de chi intendevela che l'avesse da esser Smeraldina?

Clarice. Di te.

Truffaldino. Ergo Smeraldina l'è mia.

Florindo. Signora Beatrice, il vostro servitore dov'è?

Beatrice. Eccolo qui. Non è Truffaldino?

Florindo. Truffaldino? Questi è il mio servitore.

Beatrice. Il vostro non è Pasquale?

Florindo. Pasquale? Doveva essere il vostro.

Beatrice *(verso Truffaldino).* Come va la faccenda? *(Truffaldino con lazzi muti domanda scusa.)*

Clarice. Meinerseits gilt das ebenso für den Signor Florindo.

Truffaldino. Meine Herrschaften, die Geschichte bring ich jetzt in Ordnung. *(Zu Florindo.)* Signor Florindo, haben Sie nicht die Smeraldina für Ihren Diener verlangt?

Florindo. Ja. Hast du's nicht selbst gehört?

Truffaldino *(zu Clarice)*. Und Sie, Signora Clarice, wollten Sie nicht die Smeraldina dem Diener der Signora Beatrice geben?

Clarice. Natürlich habe ich davon gesprochen.

Truffaldino. Gut, wenn sich das so verhält: gib mir die Hand, Smeraldina.

Pantalone *(zu Truffaldino)*. Warum soll sie denn ausgerechnet Euch die Hand geben?

Truffaldino. Weil ich nämlich der Diener des Signor Florindo und der Signora Beatrice bin.

Florindo. Wie?

Beatrice. Was sagst du da?

Truffaldino. Immer mit der Ruhe! *(Zu Florindo.)* Sior Florindo, wer hat Sie gebeten, beim Sior Pantalone um die Smeraldina zu werben?

Florindo. Du hast mich darum gebeten.

Truffaldino *(zu Clarice)*. Und Sie, Signora Clarice, für wen wollten Sie die Smeraldina haben?

Clarice. Für Euch.

Truffaldino. Also gehört die Smeraldina mir.

Florindo. Signora Beatrice, wo befindet sich Euer Diener?

Beatrice. Hier steht er. Ist es nicht der Truffaldino?

Florindo. Der Truffaldino? Der ist doch mein Diener.

Beatrice. Ist nicht der Pasquale Euer Diener?

Florindo. Der Pasquale? Der müßte doch Euer Diener sein.

Beatrice *(zu Truffaldino)*. Wie verhält sich diese Angelegenheit? *(Truffaldino bittet mit Gebärden um Verzeihung.)*

Florindo. Ah briccone!

Beatrice. Ah galeotto!

Florindo. Tu hai servito due padroni nel medesimo tempo?

Truffaldino. Sior sì, mi ho fatto sta bravura. Son intrà in sto impegno senza pensarghe; m'ho volesto provar. Ho durà poco, è vero, ma almanco ho la gloria che nissun m'aveva ancora scoverto, se da per mi no me descovriva per l'amor de quella ragazza. Ho fatto una gran fadiga, ho fatto anca dei mancamenti, ma spero che, per rason della stravaganza, tutti sti siori me perdonerà.

Florindo. Du Gauner!
Beatrice. Du Lump!
Florindo. Du hast zwei Herren zur gleichen Zeit gedient?
Truffaldino. Jawohl, Signore, das Bravourstück hab ich mir geleistet. Ich bin da ganz unvermutet reingerutscht, aber versuchen wollt ich's doch. Ich hab's zwar nicht lang durchgehalten, das stimmt schon, aber ich kann wenigstens den Ruhm für mich in Anspruch nehmen, daß mich keiner dabei erwischt hat. Und jetzt hab ich mich aus Liebe zu dem Mädchen selber verraten. Ich hab mich recht geplagt und auch Fehler begangen. Und nun hoff ich nur noch, daß mir die werten Herrschaften um der Absonderlichkeit der Geschichte willen ihre Verzeihung schenken.

Nachwort

Es gibt wohl kaum ein anderes Theaterstück, das wie dieses Spektakulum um den *Diener zweier Herren* nun schon über zwei Jahrhunderte lang in stets neuen Textbearbeitungen und Inszenierungsvarianten mit soviel dilettantischem Ballast schier bis zur Unkenntlichkeit erdrückt wird.

So mag es unbedingt angebracht sein, Goldonis Originaltext ohne jede Veränderung in seiner Sprache zu präsentieren, aber auch ebenso notwendig, ergänzend die Position des Autors klar herauszustellen.

Goldoni hat hier zum einen (in einer idealisierenden Abstraktion) der zu Ende gehenden *Commedia dell'arte* ein Denkmal gesetzt, verkörpert in ihrer Maskenfigur des *Arlecchino*; zum andern gibt er durch ein Zurückgreifen (so paradox sich dieser Ausdruck auch im ersten Augenblick anhören mag) auf ursprüngliches menschliches Spiel und reales Dasein bereits einen Hinweis auf die Erneuerung des gesamten italienischen Theaters, die sein Lebenswerk sein wird.

Was aber war eigentlich die *Commedia dell'arte*? Sie hatte Bänkelsänger und Seiltänzer zu Paten gehabt. Ihre Geburt verdankte sie in Wirklichkeit einem Protest, präzise der weltlich-histrionischen Reaktion auf die mittelalterlichen Mysterien-Spiele. Ein Wechselbalg also, der seinen bizarren Doppelcharakter stets eifersüchtig bewahrt hat, Gemisch aus kunstvoller Seiltänzerei und Jahrmarktsklamauk, aus Artistik und Posse. Das heißt also: Körperbeherrschung von verblüffender Präzision, unbändige Primitivität und Vitalität. Die festen Typen, die sich Ende des 16. Jahrhunderts herausbildeten, also die Maskenfiguren, entsprechen den feststehenden *Szenarien* – Spielvorwände, weiter nichts – und den katalogisierten *lazzi*, den mimisch-deklamatorischen Ein- und Ausfällen, die den Anschein der Improvisation zu erwecken hatten. Wesenselemente sind Pantomime und Artistik (Erbe der Gaukler), und die einzelnen Figuren

haben nicht nur einen auf die Dauer fixierten Charakter – ein *Arlecchino* zum Beispiel ist tölpelhaft-schlau-gefräßig-zotig, niemals anders –, sondern auch ihren unveränderlichen gestischen Zuschnitt; Reverenz und Auftrittssalto eines *Arlecchino* unterscheidet sich von dem eines *Brighella* oder *Pantalone* durch zentimetergenaue Beinarbeit (Erbe der Seiltänzer). Das heißt pure Abstimmung auf den äußeren Effekt. (Übrigens, einen direkten, wenn auch recht gewandelten Nachkommen aus der Sippe der Arlecchini haben wir heute noch: *Pierrot.* Sein Urahn, der Auswanderer nach Frankreich, hieß *Pedrolino.*) Banden dieser spielwütigen Berserker von der delikaten Maßarbeit begründeten in Frankreich, Spanien, England, Rußland, Deutschland einen Nimbus, der ihnen in ihrer Heimat so ganz vorbehaltlos gar nicht zuteil wurde. Diese dummspöttischen, dreisten arte-Darbietungen, diese kalkulierten Zoten, diese abstrakten Tollheiten hatten nämlich keine Bezogenheit zur Lebensrealität. Urtrieb und Urlust als Grundelement, gewiß, aber keinerlei Ethik.

Die *Commedia dell'arte* ist immer ein *Kind des Mittelalters* geblieben, war zu Raffaels Zeit schon anachronistisch und zu Goldonis Zeit endgültig »abgespielt«, festgefahren in mechanischer Typisierung. (Was freilich nicht ausschloß, daß sie noch einen ganz großen *Arlecchino*-Mimen hervorbrachte: Antonio Sacchi, mit Künstlernamen *Truffaldino.*) Technik und Spielfreudigkeit sichern ihr den gebührenden Platz in der Theatergeschichte.

Der *Diener zweier Herren* entstand auf Anforderung eben dieses Mimen Antonio Sacchi (daher auch der Name *Truffaldino* statt *Arlecchino*) zunächst als Szenarium nach einer alten französischen Vorlage. Später erst wurde von Goldoni der verpflichtende Text voll ausgeschrieben, um unpassende Eskapaden zu verhindern, die sich der Autor mit allem Nachdruck verbat.

Die Fabel fügt sich zwar noch ganz in die Schablone simpler Verwechslungs- und Verwicklungsthemen und das Knäuel der Handlung dient ausschließlich dazu, Situatio-

nen herzugeben. Wozu? Um des uralten Zaubers theatralischer Kunst, um der Freude am Spiel, um des ungemischten volkstümlichen Vergnügens willen. Doch diese Situationen gruppieren sich hier um einen Mittelpunkt, um diesen Truffaldino-Arlecchino, der eben nicht nur (und das ist ein Neues) die Maske eines Theaterabends, die Karikatur eines Augenblicks sein soll, sondern sich selbst in seiner durch die Zeiten bis dahin geformten Wesenheit verkörpert: durch seine ganze Genealogie – die griechische, römische, bergamaskische, venezianische – hindurch ein mediterraner Synkretismus, Mischung aus Wahrscheinlichem und Unwahrscheinlichem, Naivität und Verschlagenheit und dazu (neu von Goldoni akzentuiert) Spielbesessenheit und Moquerie, Albernheit und Armut, echte Italianität.

Neben dieser ungeheueren, schier nicht auszuschöpfenden Spannkraft der Zentralfigur verblassen alle anderen Figuren, abgesehen von der unmittelbaren Partnerin, der munteren Zofe *Smeraldina*. Sie treten zurück in ihrem formalen arte-Gefüge (freilich bester Art), sind eigentlich nur begleitender Reigen, der den dramaturgischen Ablauf zu sichern, Motivationen herzugeben hat, damit dieser Truffaldino selber kräftig zupacken kann.

Gleich zu Beginn wird dies alles deutlich gemacht. Die Maskenfiguren *Pantalone* (venezianischer Kaufmann mit dem langen dünnen Kinnbart) und *Dottore* (hier Arzt, sonst meist Advokat mit der obligatorischen Seidenmaske) verloben ihre Kinder im Klischee-Stil der arte-Schule. Klischee ist die Sprechweise und Klischee ist die rasch heruntergeleierte Kadenz in perfekter Synchronisation mit der traditionellen komplizierten Gestik. Das war die »Hohe Schule« der *Commedia dell'arte*, und solcher Beginn eines Stückes war für das Publikum die Visitenkarte der jeweiligen Schauspielertruppe.

Den Arlecchino aber läßt Goldoni schon bei seinem ersten Auftritt sich erkundigen, in welchen Beziehungen die hier versammelten Personen zueinander stehen, die er während seines hinhaltenden Bramarbasierens und seiner karikierten

Reverenzen genau beobachtet. Und bald auch fragt er die Smeraldina: »Sind Euer Wohlgeboren die Braut?« Darauf sie (seufzend): »Oh, nein, Signore.« Mit diesen paar Worten und einem Seufzer ist das Idyll Truffaldino-Smeraldina meisterlich eingeleitet.

Formal haben wir also im *Diener zweier Herren* noch den bunten Hintergrund von arte-Figuren, vor und mit dem in einem perfekten Ensemble-Spiel die tragende Figur des Truffaldino-Arlecchino agiert. Denken wir nun an die Weiterführung des goldonianischen Theaters in eine ganz andere Richtung, nämlich zur Alltags-Realität hin (wobei die Masken nach und nach fallen, die »Figuren« zu »Menschen« in ihrer sozialen Umwelt werden), können wir wohl mit einiger Berechtigung annehmen, Goldoni habe in diesen Truffaldino-Arlecchino auch ein Wissen in dem Sinne hineingelegt, daß er sich selbst in einer allerletzten resümierenden Rolle spiele: dies nicht literarisch, nicht intellektuell verstanden, sondern mit einer ganz realen Vitalität, die in der Sicht seiner bevorstehenden Verwandlung zum echten Menschen auf der Bühne seine Freude am Spiel nur steigert, ihn (bei aller Exaktheit der Gestik) gelöster macht. Eine legitime Interpretation, denn Truffaldino-Arlecchino ist in diesem Stück bereits kein verspottenswerter dummschlauer Bauerntölpel mehr, wie es der antiquierten Tradition der *Commedia dell'arte* entsprechen würde, sondern er weiß sehr wohl, was er will, behält bei allem Jonglieren die Fäden seiner Handlung fest in der Hand. Und als er dann gegen Ende des Spiels gefragt wird: »Wie kannst du denn eine Frau ernähren?« antwortet er seinem Herrn Florindo, der sich wahrlich nicht sonderlich um ihn gekümmert hat: »Ich tue eben, was ich kann. Ich verlaß mich auf den Pasquale.« (Der gar nicht existierende zweite Diener, von Truffaldino als Doppelgänger für seine eigene Doppelrolle schlau erfunden.) Ist dieser feine Spott der Erwiderung schon an und für sich etwas ganz Neues bei der tradierten Dienstbotenfigur, so übersteigt er auch bei weitem die Intelligenzquote sowohl des in der *Commedia dell'arte* nur

instinktiv und mechanisch agierenden und reagierenden Arlecchino-Typs wie ebenso die seiner Herrschaft. Eine weitere Hinführung zur Realität ist die Pointierung des Hungers (also die Umkehrung der bisherigen ungeschlachten Gefräßigkeit), burleskes Abbild notorischer Misere nicht nur der Dienstboten, sondern ebenso der umherziehenden Theaterleute: die Welt der Schauspielertruppen. (Es wäre falsch, diese Andeutungen, die mehr ja nicht sind, im erschwerenden nordischen Sinn zu verstehen, damit käme die ganze choreographierte Poesie zum Erliegen, das Genre des reinen Divertimento wäre zerstört.)

Unabdingbares Moment bei der Lektüre und der Einstudierung des *Dieners zweier Herren* ist also die Geschichtsbezüglichkeit, und nur eine kritische Lesart in diesem Sinn vermag den rechten Zuschnitt auch einer Maskenfigur zu offenbaren, die in der Erinnerung der Zeiten die überraschendste gewesen ist. Eine richtige Inszenierung aber entsteht nur in der Respektierung des goldonianischen *Textes* (die Handlung wird bei Goldoni stets vom präzisen Wort her vorgezeichnet, Rhythmik inbegriffen) und *Geistes*: ein *arte*-Spiel mit saubersterTechnik, eine mit äußerster Präzision abgestimmte Ensemble-Leistung, dazu eine Spielfreudigkeit, die nie den Eindruck der Spontaneität vermissen läßt. Das *Wissen* jedoch um den doppelten geschichtlich-sozialen Untergrund (der arte-Komödianten vor Goldonis Theaterreform und des Menschen, den man unter der Maske des Dieners schon zu erkennen vermag) gibt auch den Darstellern jenen Abstand, der sie einerseits vor jedem Gedanken an ein formalistisch-albernes Exerzitium bewahrt und andererseits dem Spiel jene reale Poesie verleihen kann, die Goldoni ganz besonders auszeichnet.

Heinz Riedt